Luiz Carlos Mariano da Rosa

A transformação do sujeito em si mesmo e a fé como *relação absoluta com o Absoluto* em Kierkegaard:

Abraão, "Pai da Fé" e "Amigo de Deus", como protótipo de um *novo ser* e de um *novo modo de existência*

Politikón Zôon Publicações

Luiz Carlos Mariano da Rosa

A transformação do sujeito em si mesmo e a fé como *relação absoluta com o Absoluto* em Kierkegaard:
Abraão, "Pai da Fé" e "Amigo de Deus", como protótipo de um *novo ser* e de um *novo modo de existência*

Politikón Zôon Publicações
2019

Politikón Zôon Publicações
1ª edição
Janeiro de 2019

Capa: *Santuário Cúpula da Rocha ou Domo da Rocha (Qubbat As-Sakhrah), localizado na Cidade Velha de Jerusalém, no lugar conhecido como Monte do Templo, segundo o Judaísmo e o Cristianismo, sendo identificado também como Nobre Santuário, segundo o Islamismo* [Reprodução digital de Vick Rô]

Copyright Ⓒ by Luiz Carlos Mariano da Rosa
Sem autorização expressa do autor e do editor não é permitida a reprodução desta obra, no todo ou em parte e por nenhum meio, excetuando-se a transcrição de pequenos excertos para fins de divulgação e crítica.

Dados Internacionais de Catalogação na Publicação (CIP)
Politikón Zôon Publicações

Rosa, Luiz Carlos Mariano da, 1966—
R7881t A transformação do sujeito em si mesmo e a fé como relação absoluta com o Absoluto em Kierkegaard: Abraão, "Pai da Fé" e "Amigo de Deus", como protótipo de um novo ser e de um novo modo de existência. — São Paulo: Politikón Zôon Publicações, 2019.

Inclui bibliografia
ISBN 978-85-68078-08-2

1. Filosofia e Teoria da Religião. 2. Cristianismo e Teologia Cristã. 3. Kierkegaard, Sören, 1813—1855—Crítica e interpretação. 4. Eliade, Mircea, 1907—1986—Crítica e interpretação. I. Título.

CDD — 210
230

21

Índice para catálogo sistemático:
1. Filosofia e Teoria da Religião 210
2. Cristianismo e Teologia Cristã 230

Politikón Zôon Publicações
Caixa Postal 436, Centro, São Paulo, CEP: 01031—970, Brasil

Ao *Deus Homem* Jesus Cristo.
À minha família:
Val (*in memoriam*),
Nísia e Victoria.
Ao meu pai José Mariano da Rosa (*in memoriam*)
E à minha mãe, Maria de Lurdes.

Chegaram ao lugar que Deus lhe havia designado; ali edificou Abraão um altar, sobre ele dispôs a lenha, amarrou Isaque, seu filho, e o deitou no altar, em cima da lenha; e, estendendo a mão, tomou o cutelo para imolar o filho. Mas do céu lhe bradou o Anjo do SENHOR: Abraão! Abraão! Ele respondeu: Eis-me aqui! Então, lhe disse: Não estendas a mão sobre o rapaz e nada lhe faças; pois agora sei que temes a Deus, porquanto não me negaste o filho, o teu único filho. Tendo Abraão erguido os olhos, viu atrás de si um carneiro preso pelos chifres entre os arbustos; tomou Abraão o carneiro e o ofereceu em holocausto, em lugar de seu filho. E pôs Abraão por nome àquele lugar - O SENHOR Proverá. Daí dizer-se até ao dia de hoje: No monte do SENHOR se proverá. [Gn 22.9-14]

SUMÁRIO

Prefácio [13]

Capítulo 1 – Kierkegaard e a transformação do sujeito em si mesmo entre a vertigem da liberdade e o paradoxo absoluto da fé [17]

I Parte - *Ironia* e negatividade absoluta: a *ironia* como *início absoluto da vida pessoal* entre *criar-se* (poeticamente) e *deixar-se criar* (poeticamente) [27]

II Parte - Do saber como interioridade e o processo de descoberta do *universal* da ética em si próprio: tornar-se *subjetivo* como transformação do sujeito em si mesmo [39]

III Parte – Conhecimento e conversão da alma entre o *martírio socrático* e o *desespero fáustico* e angústia e desespero na transição do ético ao religioso [53]

Capítulo 2 - Abraão, "Pai da Fé" e "Amigo de Deus", como protótipo de um *novo modo de*

existência em Mircea Eliade e a fé como *relação absoluta com o Absoluto* em Kierkegaard [73]

I Parte - Abraão e a *relação absoluta com o Absoluto* como uma *nova experiência existencial*: dos gestos arquetípicos do *homo religiosus* ao *ato de fé* [81]

II Parte - Abraão entre o princípio moral e a ordem de Deus e o paradoxo envolvendo a paixão infinita da interioridade e a incerteza objetiva [97]

III Parte - Abraão e a *relação absoluta com o Absoluto*: do *dever absoluto* como condição fundamental na *suspensão teleológica da moral* ao amor incondicional a Deus como fundamento da fé salvífica [121]

Aspectos Conclusivos [141]

Referências bibliográficas [159]

Bibliografia do autor [167]

Websites & social links do autor [193]

A transformação do sujeito em si mesmo e a fé como *relação absoluta com o Absoluto* em Kierkegaard   Luiz Carlos Mariano da Rosa

PREFÁCIO

Atribuindo à *ironia* a possibilidade de exercício e desenvolvimento da *liberdade subjetiva*, Kierkegaard, de acordo com o exposto no Capítulo 1, sublinha a *negatividade absoluta* como característica do referido processo em Sócrates, convergindo para assinalar o *absoluto e irredutível valor do indivíduo* em um movimento que implica o *início absoluto da vida pessoal* entre *criar-se* (poeticamente) e *deixar-se criar* (poeticamente).

Dessa forma, contrapondo-se à dissolução da existência humana nas fronteiras da pura conceituação intelectual, Kierkegaard assinala a tensão inaplacável entre existência e transcendência em um movimento que implica a interioridade e guarda correspondência com a necessidade de tornar-se *subjetivo*, tendo em vista a perspectiva que defende que a verdade consiste na transformação do sujeito em si

A transformação do sujeito em si mesmo e a fé como *relação absoluta com o Absoluto* em Kierkegaard   Luiz Carlos Mariano da Rosa

mesmo entre a vertigem da liberdade e o paradoxo da fé em um processo que encerra angústia e desespero e converge para a transição do ético ao religioso.

Nesta perspectiva, baseado na ordem de Deus para sacrificar o seu filho, Isaque, Abraão, conforme mostra o Capítulo 2, instaura uma *nova experiência existencial* na medida em que, segundo o referencial teórico de Mircea Eliade, através do ato de fé produz a superação da condição mítico-religiosa, que encerra um movimento que reatualiza a *história sagrada* e alcança o *real* e o *significativo* por intermédio dos gestos arquetípicos e práticas mágico-religiosas do *homo religiosus*.

Dessa forma, o texto assinala que o ato de fé de Abraão converge para uma *relação absoluta com o Absoluto*, conforme a leitura teológico-filosófica de Kierkegaard, em um exercício que se sobrepõe à instância do *geral* e

A transformação do sujeito em si mesmo e a fé como *relação absoluta com o Absoluto* em Kierkegaard — Luiz Carlos Mariano da Rosa

consiste no paradoxo entre a paixão infinita da interioridade e a incerteza objetiva, perfazendo um movimento que envolve o recurso ao infinito e implica o regresso ao finito e a sua conquista e encerra uma tensão inaplacável entre existência e transcendência que acena com a necessidade da intervenção do Eterno no temporal por intermédio da manifestação do Deus-Homem Jesus Cristo na medida em que é este acontecimento que, de acordo com a perspectiva teológico-bíblica católico-protestante, possibilita a realização de um *novo ser* e de um *novo modo de existência*.

A transformação do sujeito em si mesmo e a fé como *relação absoluta com o Absoluto* em Kierkegaard   Luiz Carlos Mariano da Rosa

CAPÍTULO 1[1]

KIERKEGAARD E A TRANSFORMAÇÃO DO SUJEITO EM SI MESMO ENTRE A VERTIGEM DA LIBERDADE E O PARADOXO ABSOLUTO DA FÉ

Opondo-se ao racionalismo característico do Iluminismo, o Romantismo atribui relevância à imaginação e à intuição, à espontaneidade e à paixão, ao sentimento e à

---

[1] O referido capítulo é constituído por trechos que integram o conteúdo publicado em forma de artigo, sob o título *Kierkegaard e a transformação do sujeito em si mesmo entre a vertigem da liberdade e o paradoxo absoluto da fé*, pela **Revista Eletrônica Espaço Teológico (REVELETEO/PUC-SP)**, ISSN: 2177-952X, v. 12, n. 21, p. 68-86, jan./jun. 2018, São Paulo – SP, Brasil, em **Cadernos Zygmunt Bauman (UFMA)**, ISSN: 2236-4099, v. 8, n. 17, ago. 2018, São Luís – MA, Brasil, em **Saberes: Revista interdisciplinar de Filosofia e Educação (UFRN)**, ISSN: 1984-3879, v. 18, n. 2, p. 26-47, ago. 2018, Natal – RN, Brasil, pela **Revista Correlatio (UMESP)**, ISSN: 1677-2644, v. 17, n. 1, p. 5-31, ago. 2018, São Paulo – SP, Brasil, e pela **Revista Filosofia Capital – RFC**, ISSN: 1982-6613, v. 13, n. 20, p. 30-46, dez. 2018, Brasília – DF, Brasil.

A transformação do sujeito em si mesmo e a fé como *relação absoluta com o Absoluto* em Kierkegaard   Luiz Carlos Mariano da Rosa

emoção, em um movimento que impõe centralidade ao indivíduo e enfatiza a relação envolvendo a sua subjetividade e o mundo objetivo e tende a circunscrever a possibilidade do saber ao conhecimento que a consciência tem de si, segundo a perspectiva de Schelling, principal representante do romantismo filosófico na Alemanha, cujo pensamento instaura a identidade entre a consciência e a natureza em um processo que converge para a sua realização no Absoluto e encerra a capacidade de superar a oposição sujeito/objeto.

Se o Iluminismo caracteriza-se pela defesa da ciência e da racionalidade crítica em oposição à fé, à superstição e ao dogma religioso, ao arcabouço de valores, práticas e condutas da ordem instituída em um processo que atribui à razão primazia em relação a todas as faculdades humanas, circunscrevendo as suas fronteiras a possibilidade do conhecimento, o Romantismo tende a exaltar a singularidade e a originalidade do indivíduo em um movimento que converge para a emergência da individualidade, tendo em vista a perspectiva que encerra a concepção de que a manifestação do eu verdadeiro guarda correspondência com a esfera que envolve o sentimento e a emoção, na medida em que se contrapõe à abstração e à esterilidade de uma construção que demanda que o indivíduo venha abstrair-se de si mesmo para alcançar uma determinada compreensão, o que implica um resultado que depende do conjunto de propriedades da razão que, sendo universais e idênticas em todo indivíduo, sobrepõe-se a sua especificidade e converge para a sua supressão enquanto tal.

A superação dos limites da razão, eis o que se impõe ao Romantismo, que valoriza a

A transformação do sujeito em si mesmo e a fé como *relação absoluta com o Absoluto* em Kierkegaard   Luiz Carlos Mariano da Rosa

imaginação e a intuição, a espontaneidade e a paixão, o sentimento e a emoção, como um conjunto cuja singularidade, especificidade, originalidade, converge para possibilitar a emergência do eu verdadeiro e o exercício de uma subjetividade que se contrapõe aos valores, práticas e condutas da ordem instituída através de um processo que utiliza a *ironia* como recurso estratégico que torna independente o agente em um movimento de oposição ao *modus vivendi* da sociedade que tende à desestabilização de sua vida histórico-cultural e a negação da influência dos costumes ou tradições que, condicionando atitudes e comportamentos, impedem a realização da *liberdade subjetiva.*

Se para o Romantismo a *ironia* (*ironia trágica*) emerge como um jogo dialético que envolve zombaria e seriedade, configurando a impossibilidade de que a consciência infinita confira condição fundamental às formas da sua produção (dentre as quais a natureza, a arte, assim como o próprio eu) em um processo que tende a impor princípios que supostamente determinam o mundo, na medida em que tais manifestações permanecem relegadas ao âmbito da impermanência e da provisoriedade, destinadas ao movimento de dissolução que a sua transformação implica, atribuindo à *ironia* a possibilidade de exercício e desenvolvimento da *liberdade subjetiva*, Kierkegaard sublinha a *negatividade absoluta* como característica do referido processo em Sócrates, o que implica a construção de uma perspectiva que converge para as fronteiras que encerram relativismo e niilismo e capacita o indivíduo a buscar a verdade subjetivamente. Dessa forma, contrapondo-se à interpretação de Hegel [2]

---

[2] Caracterizando-se como a *consciência da subjetividade absoluta* em um processo que se lhe atribui condição de

concernente à *ironia* socrática em face da ênfase atribuída ao conceito abstrato em detrimento do fenômeno histórico concreto, Kierkegaard correlaciona ambos – conceito abstrato (aspecto filosófico) e fenômeno histórico concreto (aspecto empírico) – em um movimento dialético que tende à *negatividade*

---

primazia completa em relação à totalidade que, encerrando as outras coisas, é relegada ao âmbito do nada, a *ironia* emerge do pensamento de Fichte, convergindo para as fronteiras que implicam a *consciência do absoluto arbítrio* de tal subjetividade, segundo a interpretação de Schlegel. Eis o que Hegel assinala: "Consiste ela no seguinte: conhecer sem dúvida a objetividade moral, mas em vez de mergulhar no que ela tem de sério e de agir tomando-a como princípio, esquecendo e renunciando a si, manter pelo contrário a distância da relação com ela e conhecer-se como o que quer e decidir isto ou aquilo e poder também decidir de outro modo. Admitis vós uma lei, efetiva e honestamente, como existente em si e para si, também eu me encontro no plano e nos quadros de tal lei, mas como estou ainda longe dela posso ladeá-la e entendê-la como quiser. O que está em primeiro lugar não é a coisa, mas eu próprio: sou eu o soberano senhor não só da coisa como da lei, dela disponho como entender e, naquele estado de consciência irônico em que deixo afundar-se o que há de mais elevado, só de mim mesmo me ocupo." (Hegel, 1997, § 140, p. 137)

A transformação do sujeito em si mesmo e a fé como *relação absoluta com o Absoluto* em Kierkegaard   Luiz Carlos Mariano da Rosa

absoluta corporificada pela *aporia* [3] em um processo que, sobrepondo-se à verdade, converge para a desestabilização do arcabouço de valores, práticas e condutas da ordem instituída, encerrando como objetivo a busca do *bem* e a elaboração do seu conceito. Nesta perspectiva, se a modernidade tende a diluir o indivíduo e a sua subjetividade em uma estrutura de produção industrial, alcança

---

[3] Longe de consistir em um *estado subjetivo de incerteza*, a aporia representa a dificuldade, o impasse inerente a um raciocínio em um processo que pretende a expressão da essência ou da natureza de algo e implica uma tensão lógica que converge para a indeterminação e encerra uma *dúvida objetiva*, perfazendo um movimento que guarda correspondência com o princípio socrático baseado na máxima "só sei que nada sei", que encerra a consciência da sua ignorância e detém uma *sabedoria puramente negativa*. Assim, diante da necessidade de uma construção positiva capaz de encerrar o sentido de algo, exprimindo a sua essência ou natureza, Sócrates impõe uma crítica interrogativa que tende à problematização dos fundamentos de um conceito ou uma asserção por intermédio de uma relação dialógica em um processo que implica um intercâmbio sistemático de afirmações e negações que põe em evidência a *contradição* e converge para um *resultado puramente negativo*.

A transformação do sujeito em si mesmo e a fé como *relação absoluta com o Absoluto* em Kierkegaard   Luiz Carlos Mariano da Rosa

relevância a perspectiva de Kierkegaard, que recusa a atribuição da condição de *bem absoluto* ao saber em um movimento que guarda correspondência com a busca não da verdade, mas de um *centro* para a vida, na medida em que defende que apenas a *subjetividade é verdade* e que o seu elemento é a interioridade através de uma construção que tende à *incerteza objetiva*, haja vista a concepção acerca da incapacidade do pensamento e da impotência da linguagem diante da *verdade subjetiva*, o que implica a questão do caráter inapreensível do mundo subjetivo ou da possibilidade ou não de transposição da sua *realidade* para o mundo objetivo.

    Dessa forma, o texto se detém em um processo que torna fundamental a *ironia* que sob a acepção de *negatividade absoluta infinita* converge para a alienação do indivíduo em

A transformação do sujeito em si mesmo e a fé como *relação absoluta com o Absoluto* em Kierkegaard   Luiz Carlos Mariano da Rosa

relação à existência e a alienação da existência em relação ao indivíduo em uma experiência que encerra a simbolização da tensão entre valores/cultura e o indivíduo e que se circunscreve à negação de toda a realidade, convergindo para assinalar o *absoluto e irredutível valor do indivíduo* em um movimento que implica a transformação do sujeito em si mesmo entre a vertigem da liberdade e o paradoxo da fé.

A transformação do sujeito em si mesmo e a fé como *relação absoluta com o Absoluto* em Kierkegaard Luiz Carlos Mariano da Rosa

A transformação do sujeito em si mesmo e a fé como *relação absoluta com o Absoluto* em Kierkegaard   Luiz Carlos Mariano da Rosa

I PARTE

IRONIA E NEGATIVIDADE ABSOLUTA: A *IRONIA* COMO *INÍCIO ABSOLUTO DA VIDA PESSOAL* ENTRE *CRIAR-SE* (POETICAMENTE) E *DEIXAR-SE CRIAR* (POETICAMENTE)

Baseado em uma concepção do saber como interioridade, tendo em vista o seu caráter essencialmente reflexivo em uma construção que converge para a descoberta do *universal* da ética em si próprio, Sócrates afirma a impossibilidade de que a verdade seja transmitida a partir da exterioridade, na medida em que concebe a dimensão externa como parte constitutiva da sua interioridade e pressupõe que a verdade objetiva exige o exercício da racionalidade e da reflexão crítica, o que implica uma unidade envolvendo o universal interior e o universal exterior em um processo que atribui à esfera subjetiva a

A transformação do sujeito em si mesmo e a fé como *relação absoluta com o Absoluto* em Kierkegaard   Luiz Carlos Mariano da Rosa

condição que encerra a interioridade universal do pensamento, convergindo para as fronteiras que encerram a primazia do indivíduo e da sua *liberdade subjetiva* em relação à coletividade e ao contexto histórico-cultural e ao seu movimento de imposição de valores, práticas e condutas que se sobrepõe ao sujeito e impede a manifestação de sua individualidade.

> O ponto de vista de Sócrates é, pois o da *subjetividade*, da *interioridade*, que se reflete em si mesma e em sua relação para consigo mesma dissolve e volatiliza o subsistente nas ondas do pensamento, que se avolumam sobre ele e o varrem para longe, enquanto a própria subjetividade novamente afunda, refluindo para o pensamento. No lugar daquele pudor que poderosa, mas misteriosamente mantinha o indivíduo nas articulações do Estado, aparece doravante *a decisão e a certeza interior da subjetividade.*[4]

Perfazendo um movimento que guarda correspondência com o princípio "só sei que

---

[4] Kierkegaard, 1991, p. 131, grifos meus.

nada sei", que encerra a consciência da sua ignorância e detém uma *sabedoria puramente negativa*, Sócrates instaura a crítica interrogativa como um princípio metodológico baseado na intersubjetividade e na virtude heurística do diálogo, que implica um processo que põe em evidência a contradição e converge para um *resultado puramente negativo*. Dessa forma, objetivando a revelação ao interlocutor de nada que porventura já não esteja em sua interioridade em um processo que escapa à pretensão de impor através de um fenômeno externo tudo aquilo que o próprio sujeito não saiba ou encerre em seu íntimo, o *diálogo socrático* converge para um movimento de iluminação que emerge em face da instauração de uma diligência reflexiva que tende a procurar a verdade em seu âmago, em sua subjetividade e pelas suas próprias capacidades, encerrando uma operação racional que visa a libertação do homem da ignorância e implica o alcance do saber verdadeiro, que se sobrepõe às opiniões particulares e ao condicionamento das paixões e concorre para a descoberta do *universal* em uma construção que tem como fim o aperfeiçoamento da alma e do cidadão, constituindo-se uma prática que, segundo Kierkegaard, corresponde ao amor cristão, visto que demanda uma atitude de desinteresse e uma participação anônima do agente em um movimento que encerra autossacrifício em função da necessidade envolvendo a possibilidade de independência do próximo e da sua "libertação".

Nesta perspectiva, baseado no paradigma socrático, Kierkegaard se opõe às concepções de Cristianismo instituídas pela igreja através do pensamento de teólogos e filósofos acadêmicos, defendendo que a verdade

A transformação do sujeito em si mesmo e a fé como *relação absoluta com o Absoluto* em Kierkegaard   Luiz Carlos Mariano da Rosa

demanda uma experiência de *apropriação*[5] que implica a condição que envolve a *paixão da interioridade* e emerge como fundamento da existência humana em sua concreticidade histórico-cultural em um processo que converge para impedir a sua sujeição às *verdades objetivas* [6] enquanto conteúdos que sob a acepção de dados que se mantém em condição de exterioridade são incutidos no indivíduo[7].

---

[5] "A verdade religiosa, disse Kierkegaard, é *pessoal*, não apenas *proposicional*. É uma experiência que propicia o relacionamento vivo com o Deus vivo. Nesse sentido, *a verdade religiosa é muito mais que o que sabemos; é o que vivemos*. Não é apenas verdade para ser dominada pelos cristãos; ela os domina." (Geisler, 2002, p. 334-335, grifos meus)

[6] Nesta perspectiva, cabe sublinhar que "a eternidade e infinitude de Deus são ao mesmo tempo absolutamente reais e absolutamente incompreensíveis. Por isso, não se pode propriamente 'falar de Deus', isto é, formular uma teologia. *A teologia é uma objetivação de Deus, assim como a dialética é uma objetivação do mundo.*" (Mora, 2004a, p. 1645)

[7] "Então, suposto que tudo esteja em ordem com relação às Sagradas Escrituras – e daí? Alguém então que não

A transformação do sujeito em si mesmo e a fé como *relação absoluta com o Absoluto* em Kierkegaard   Luiz Carlos Mariano da Rosa

Dessa forma, atribuindo à *ironia* a possibilidade de exercício e desenvolvimento da *liberdade subjetiva*, Kierkegaard sublinha a *negatividade absoluta* como característica do referido processo em Sócrates, conferindo relevância a sua experiência através de um novo sentido, que encerra os principais elementos do seu pensamento (tais como maiêutica, ignorância, aporia, entre outros) e implica a construção de

---

tinha a fé chegou agora um único passo mais perto da fé? Não, nem um único. Pois a fé não resulta de uma deliberação científica direta, e nem chega diretamente; ao contrário, perde-se nessa objetividade aquela atitude de interesse infinito, pessoal e apaixonado, que é a condição da fé, o *ubique et nusquam* [lat.: por toda parte e em nenhum lugar] através da qual a fé pode nascer. Aquele que tinha a fé ganhou alguma coisa em relação ao poder e à força da fé? Não, nem um tiquinho: nesse conhecimento prolixo, nessa certeza que paira à porta da fé e suspira por ela, ele está antes numa posição tão perigosa que vai precisar de muito esforço, muito temor e tremor para não cair na tentação, e confundir conhecimento com fé. Enquanto que até agora a fé teve na incerteza um pedagogo proveitoso, ela deveria ter seu inimigo na certeza. *De fato, se se exclui a paixão, a fé deixa de existir, e certeza e paixão não se atrelam juntas.*" (Kierkegaard, 2013, p. 35)

uma perspectiva que torna independente o agente em um movimento de oposição ao *modus vivendi* da sociedade que tende à negação de sua vida histórico-cultural e da influência dos costumes ou tradições que condicionam atitudes e comportamentos e impedem a realização da individualidade em seu absoluto e irredutível valor.

> Com Fichte, a subjetividade se tornara livre, de maneira infinita e negativa. Mas para sair deste movimento da ausência de conteúdo, em que se movia em infinita abstração, ela precisava ser negada; para que o pensamento pudesse ser real, precisava tornar-se concreto. Com isso se destaca a questão da realidade metafísica. Este princípio fichtiano, de que a subjetividade, o *eu*, tem *validade constitutiva* e é o único onipotente, conquistou Schlegel e *Tieck*, e a parti daí eles operaram ao nível do mundo. Disto resultou uma dupla dificuldade. Em primeiro lugar, confundiu-se o eu empírico e finito com o Eu eterno; em segundo lugar, confundiu-se a realidade metafísica com a realidade histórica. Aplicou-se assim sem mais nem menos um ponto de vista *metafísico* incompleto à *realidade*. Fichte queria construir o mundo; mas o que ele tinha em mente era um construir

sistemático. Schlegel e Tieck queriam inventar um mundo.[8]

Baseado no princípio que afirma a *validade constitutiva* da subjetividade, cuja perspectiva, caracterizando o *eu* como único onipotente, emerge da filosofia do *eu absoluto* e da liberdade de Fichte, os românticos (Schlegel e Tieck) interpretam a *ironia* como a possibilidade de negação da *realidade histórica* em sua totalidade, convergindo para as fronteiras que encerram a invenção de um mundo através do estabelecimento de uma realidade autoproduzida em um processo que guarda correspondência com o ideal de "viver poeticamente", consistindo na capacidade do indivíduo de autocriação em um movimento que se sobrepõe aos elementos factuais da

---

[8] Kierkegaard, 1991, p. 237-238, grifos do autor.

existência e atribui a condição de ficção à história. Concebendo a realidade histórica sob a acepção que envolve um *dom* e uma *tarefa*, Kierkegaard sublinha o tipo de relação que se desenvolve entre a realidade e o sujeito[9], que encerra a existência de um passado que reclama *validade* e a capacidade do agente de realização da *realidade efetiva* em um processo que demanda integração, responsabilidade e respeito concernente às consequências racionais implicadas, convergindo para se opor ao ironista romântico, que não reconhece a validade relativa da realidade histórica e circunscreve a sua realidade ao caráter de

---

[9] "A realidade é – para Kierkegaard – a concretização ética do espírito ou a sua liberdade efetiva, pela qual a consistência metafísica do ser é determinada. No entanto, esta realidade pessoal nunca é dada imediatamente e deve ser sempre alcançada de forma reflexiva, através de um desenvolvimento dialético e sintético, que coincide com a *criação continuada do eu*." (Binetti, 2005, p. 9, grifos meus)

possibilidade somente através de um movimento que assinala uma concepção de *ironia* totalizante, detentora de uma liberdade infinita e um poder ilimitado de autocriação que culmina na pretensão de construção da própria identidade de si e do cenário de sua atuação segundo o princípio de elaboração dos elementos que se conjugam para a constituição de um personagem e do seu contexto em uma obra ficcional em detrimento do ambiente histórico-social concreto e dos valores, práticas e condutas que o determinam e formam um arcabouço que não é passível de eliminação absoluta, mas requer, em suma, integração e superação.

Nesta perspectiva, afirmando a irrevogabilidade de determinados fatos da existência, tal qual a condição do homem como um ser criado por Deus e sob esta égide dependente do Criador e portador de um propósito em sua existência, Kierkegaard distingue o exercício de *criar-se* (poeticamente) e o movimento de *deixar-se criar* (poeticamente), que caracteriza o cristão e permanece atrelado a um contexto dado determinadamente em um processo que demanda a adaptação do indivíduo, sobrepondo-se ao ironista romântico que no ato de autocriação *poetiza* seu mundo circundante em uma construção que suspende a *moral* e a *vida ética*, instaurando um modo hipotético e subjuntivo de existir que converge para a perda de toda *continuidade* da sua vida e a sua redução a *meras disposições afetivas*, consistindo o tédio[10] a sua *única continuidade*.

Opondo-se à *ironia* romântica e ao seu caráter totalizante, Kierkegaard defende o valor da *ironia dominada* para a vida pessoal,

---

[10] "Tédio, esta eternidade sem conteúdo, esta felicidade sem gozo, esta profundidade superficial, esta saciedade faminta." (Kierkegaard, 1991, p. 246)

A transformação do sujeito em si mesmo e a fé como *relação absoluta com o Absoluto* em Kierkegaard   Luiz Carlos Mariano da Rosa

comparando-a com a condição fundamental que exerce a dúvida em relação à ciência em um processo em que "viver poeticamente" implica orientação e integração concernente ao tempo da existência individual em um movimento que encerra liberdade positiva em face da realidade histórica, convergindo para as fronteiras que envolvem uma *ironia* como um fenômeno imobilizado na selvagem infinitude cuja limitação se impõe para conferir a sua prática uma justa significação, a sua verdadeira validade, na medida em que *finitiza*, *restringe*, atribuindo, dessa forma, *verdade*, *realidade*, *conteúdo*, em uma construção que alcança *sustentação* e *consistência* através da *disciplina* e da *punição*, configurando o *início absoluto da vida pessoal*[11].

---

[11] "Quem simplesmente não compreende a ironia, quem não tem ouvidos para seus sussurros, carece *eo ipso* daquilo que se poderia chamar o *início absoluto da vida*

II PARTE

DO SABER COMO INTERIORIDADE E O PROCESSO DE DESCOBERTA DO *UNIVERSAL* DA ÉTICA EM SI PRÓPRIO: TORNAR-SE *SUBJETIVO* COMO TRANSFORMAÇÃO DO SUJEITO EM SI MESMO

Excluindo qualquer possibilidade da emergência da verdade através da exterioridade do indivíduo, Sócrates concebe a dimensão externa como parte constitutiva da sua interioridade e pressupõe que a verdade

pessoal, carece daquilo que em certos momentos é indispensável para a vida pessoal, carece do banho de renovação e de rejuvenescimento, do banho de purificação, que salva a alma de ter a sua vida na finitude, mesmo que viva aí com força e energia; ele não conhece o frescor e a força que se encontram quando, sentindo o ar pesado demais, nos despimos e nos atiramos ao mar da ironia, naturalmente não para aí permanecermos, mas para tornarmos a nos vestir saudáveis e alegres e leves." (Kierkegaard, 1991, p. 277, grifos do autor)

A transformação do sujeito em si mesmo e a fé como *relação absoluta com o Absoluto* em Kierkegaard   Luiz Carlos Mariano da Rosa

objetiva exige o exercício da racionalidade e da reflexão crítica, o que implica uma unidade envolvendo o universal interior e o universal exterior em um processo que não circunscreve a subjetividade às fronteiras da contingência e da particularidade, mas atribui à esfera subjetiva a condição que encerra a interioridade universal do pensamento.

Estabelecendo uma analogia envolvendo o Oráculo de Delfos e o seu caráter objetivo e o oráculo *daimônico* e a sua condição de interioridade, Hegel sublinha a *liberdade subjetiva* que a perspectiva de Sócrates instaura em um movimento que encerra uma forma transicional da moralidade objetiva para a moralidade subjetiva, haja vista que o *dáimon* emerge entre a externalidade do oráculo e a interioridade do indivíduo, sobrepondo-se à vontade subjetiva e a sua inclinação, convergindo para um processo que confere ao homem enquanto indivíduo concreto o direito de exercer a sua racionalidade e a sua capacidade crítica diante da imposição de valores e práticas, condutas e comportamentos constitutivos do legado histórico-cultural.

Os homens que não alcançaram a profundidade da consciência de si, que não transitaram da ingênua unidade substancial à existência para si, ainda não tinham o poder de desvendar a decisão na interioridade do mundo humano. *Pode-se ver no demônio de Sócrates o início do movimento que levaria a vontade a deslocar-se do além para si mesma e a conhecer-se no interior de si mesma. É o início da liberdade consciente e, portanto, verdadeira.* A real liberdade da ideia, que é o que dá a cada um dos momentos da razão a sua realidade própria, presente e consciente, também e, por conseguinte, o que atribui à atividade de uma consciência a certeza suprema ao determinar-se a si mesma, quer dizer, a culminância do conceito da vontade. Mas esta última determinação de si só pode pertencer ao domínio da liberdade humana quando se encontra na posição de uma culminância em si mesma isolada e superior a toda a particularidade e a toda a condição. Só assim ela será de acordo com o seu conceito.[12]

---

[12] Hegel, 1997, § 279, p. 259, grifos do autor.

A transformação do sujeito em si mesmo e a fé como *relação absoluta com o Absoluto* em Kierkegaard   Luiz Carlos Mariano da Rosa

Baseado em uma concepção do saber como interioridade, tendo em vista o seu caráter essencialmente reflexivo em um processo que converge para a descoberta do *universal* da ética em si próprio, a expressão "conhece-te a ti mesmo" escapa a qualquer tipo de introspecção de ordem psicológica e individual e encerra o sentido que implica a impossibilidade de que a verdade seja transmitida a partir da exterioridade, à medida que, segundo Sócrates, a ciência moral e as suas premissas guardam correspondência com conceitos universais cuja constituição impõe-se por intermédio da indução, capacitando o indivíduo a se sobrepor à contingência e à particularidade e a assumir práticas e valores, condutas e comportamentos compatíveis com a razão em um movimento que resulta em um saber que correlaciona o "poder-fazer" e o "dever-fazer" e se sobrepõe a sua contradição.

A transformação do sujeito em si mesmo e a fé como *relação absoluta com o Absoluto* em Kierkegaard   Luiz Carlos Mariano da Rosa

Nesta perspectiva, sobrepondo-se a sua particularidade contingente, o que se impõe é tornar-se *subjetivo* em um processo que implica o exercício de uma dúvida intensa e a necessidade de guardar fidelidade em relação a si próprio em proveito daquilo que pensa, condição de sua independência como tal, haja vista que a continuidade absoluta escapa ao exercício do pensamento, convergindo para a sua impossibilidade de superar-se a si mesmo no afirmativo. A condição de superioridade em relação ao real, atribuída pelo pensamento de Kierkegaard à subjetividade, converge para a impossibilidade de uma avaliação envolvendo ambas as dimensões através de uma medida comum em um processo que encerra uma tensão inaplacável entre existência e transcendência e que implica o paradoxo de uma concepção que assinala que, *embora o existente seja um sujeito pensante, a existência* recusa-se, em suma, ao pensamento [13], haja vista que existir não se reduz a um objeto de saber, mas consiste em tomar consciência da sua existência em um movimento que abrange simultaneamente a eternidade e o devir. Contrapondo-se à dissolução da existência humana nas fronteiras da pura conceituação intelectual, Kierkegaard impõe à dialética objetiva de Hegel e ao seu caráter especulativo e conciliador que visa à dimensão lógico-histórica, guardando a tendência de suprimir o indivíduo e a sua liberdade, a dialética subjetiva, que converge para um movimento que implica três formas de vivência pessoal, a

---

[13] Nesta perspectiva, convém salientar que, segundo Kierkegaard, "a existência não depende da essência, como se a primeira fosse uma especificação da segunda. A essência é ideal; por isso, é pensável e definível. A existência não é ideal, mas real; por isso é indefinível e, em alguma medida, não pensável. Se a existência fosse definível, não seria existência, porém essência." (Mora, 2004a, p. 1644)

saber, *estética*, ética e religiosa, que consistem em diferentes possibilidades existenciais fundamentais [14]. Dessa forma, à sujeição da existência humana e do seu caráter concreto à vida própria das ideias e aos seus conceitos racionais, Kierkegaard impõe à *escolha* um papel fundamental concernente à definição de uma forma de vida em um processo que encerra várias possibilidades e escapa à sua compreensão, não havendo nenhum tipo de fundamento lógico, mas dependendo apenas do exercício do seu *querer*.

> A novidade introduzida por Kierkegaard em relação à compreensão e classificação da verdade no âmbito filosófico é original, *uma vez que a verdade deixa de ser um fundamento lógico e adquire o estatuto da apropriação existencial e relacional.*

---

[14] "Kierkegaard distingue assim três estádios existenciais: o estádio estético em que o homem se abandona à imediatidade, o estádio ético em que se submete à lei moral ou geral como se diz, e o estádio religioso em que o homem, abraçando a eternidade se deixa dirigir pelo amor, para além do bem e do mal." (Farago, 2006, p. 120)

Existencial, pois é o indivíduo singular que a reduplica no movimento de concretizar a si mesmo, por isso a tese de que a verdade só existe se ela faz vida no interior de quem, agindo, a produz. E relacional, porque substancialmente a verdade, na ótica do pensador dinamarquês, é Jesus Cristo encarnado na mais profunda subjetividade (a fé é uma determinação da subjetividade) do existente e que se deixa apropriar mediante a relação e unicamente através da relação.[15]

Um acontecimento que guarda possibilidade de emergir como fundamento da existência humana em sua concreticidade histórico-cultural no sentido que implica os seus limites, quais sejam, tanto a vida como a morte, eis o que se impõe à verdade, segundo a concepção de Kierkegaard, que atribui à experiência de sua *apropriação* a condição que envolve a *paixão da interioridade* em um processo que encerra a necessidade de superação do desespero diante da *incerteza objetiva* na medida em que assinala que existir

---

[15] Almeida; Valls, 2007, p. 56, grifos meus.

não se reduz a um objeto de saber, mas consiste em tomar consciência da sua existência em um movimento que abrange simultaneamente a eternidade e o "devir". Nesta perspectiva, contrapondo-se à dissolução da existência humana nas fronteiras da pura conceituação intelectual, Kierkegaard atribui à subjetividade uma condição que escapa à vida própria das ideias e aos seus conceitos racionais, ao pensamento, em suma, em um processo que envolve o paradoxo que encerra uma crise irredutível entre existência e transcendência na medida em que a existência não se dispõe ao pensamento, a despeito de que o ser existente consiste em um sujeito pensante em um movimento que implica a interioridade e guarda correspondência com a necessidade de tornar-se *subjetivo*, tendo em vista que a verdade implica, em última instância, a transformação do sujeito em si mesmo. Dessa forma, assinalando o *absoluto e irredutível valor do indivíduo* em um movimento que sublinha a relação envolvendo a sua subjetividade e circunscreve a possibilidade do conhecimento às fronteiras da consciência de si, Kierkegaard opõe-se à caracterização do saber como *bem absoluto* em uma construção que tende não à busca da verdade, mas antes à procura de um *centro* para a vida, afirmando que a *verdade* é a *subjetividade*[16] e que o seu elemento é a interioridade através de um processo que escapa às fronteiras que encerram o irracionalismo e o relativismo e converge para a *incerteza objetiva*.

Opondo-se à dialética objetiva e ao seu caráter especulativo e conciliador que visa à dimensão lógico-histórica e tende à supressão do indivíduo e da sua liberdade, o pensamento de Kierkegaard identifica a verdade como um acontecimento que

---

[16] "Contra o que afirmava Hegel, não há equivalência entre o ser e a razão, a realidade e o pensamento. A verdade não é o 'puro pensamento': a verdade é a subjetividade." (Mora, 2004a, p. 1644)

transpõe as fronteiras que encerram o saber, emergindo como uma *questão existencial* em um movimento que atribui à subjetividade a possibilidade de instauração de uma relação dialética que implica a paixão que, trazendo a fé como o seu ápice, converge para uma experiência que atrela o conhecimento de si à descoberta do sentido da existência.

> *A fé é a mais alta paixão de todo homem.* Talvez haja muitos homens de cada geração que não a alcancem, mas nenhum vai além dela. Se se encontram ou não muitos homens do nosso tempo que não a descobrem, não posso decidi-lo, porque apenas me é lícita a referência a mim próprio, e não devo ocultar que me resta ainda muito que fazer, sem por isso desejar trair-me, ou trair a grandeza, reduzindo isto a um assunto sem importância, a uma doença infantil, de que se espera estar curado o mais depressa possível.[17]

Verdade como paradoxo[18], eis o que se impõe à *verdade subjetiva* enquanto um

---

[17] Kierkegaard, 1979, p. 185, grifos meus.

[18] "Explicar o paradoxo significaria assim compreender mais profundamente o que é um paradoxo e que o paradoxo é o paradoxo. Deus é uma representação

acontecimento que demanda uma relação de interioridade que se sobrepõe ao caráter objetivado que exclui o cume da expressão da subjetividade, a paixão, e se contrapõe à concepção que encerra a "objetividade" do pensamento e da vida em um modo especulativo que tende a uma reflexão baseada na lógica sistemática racionalista e científica, convergindo a perspectiva de Kierkegaard para as fronteiras que encerram um devir que recusa a possibilidade de uma mediação ou uma "síntese", na medida em que defende que a verdade está em movimento em um processo no

---

suprema que não se pode explicar por algo diferente, mas somente pelo fato de aprofundar-se a si mesmo nesta representação. Os mais altos princípios de todo pensamento não podem ser provados senão indiretamente. Suponhamos que o paradoxo seja assim o limite para a relação de um ser existente com uma verdade eterna essencial, então o paradoxo não poderá ademais ser explicado por algo diferente se a explicação deve ser válida para seres existentes." (Kierkegaard, 2001, p. 248)

qual o existente singular em sua interioridade impõe-se ao "como" da sua linguagem, que emerge como a *abertura da vivência* em sua paixão do infinito que, consistindo na sua subjetividade, constitui-se a própria verdade, impedindo a sua sujeição às *verdades objetivas* enquanto conteúdos que sob a acepção de dados que se mantém em condição de exterioridade são incutidos no indivíduo. Conclusão: "Para a *reflexão objetiva*, a verdade se torna algo objetivo, um objeto, e aí se trata de abstrair o sujeito; para a *reflexão subjetiva*, a verdade se torna *apropriação*, a interioridade, a subjetividade, e aí se trata justamente de, existindo, aprofundar-se na subjetividade"[19].

---

[19] Kierkegaard, 2013, p. 202, grifos meus.

A transformação do sujeito em si mesmo e a fé como *relação absoluta com o Absoluto* em Kierkegaard   Luiz Carlos Mariano da Rosa

III PARTE

CONHECIMENTO E CONVERSÃO DA ALMA ENTRE O *MARTÍRIO SOCRÁTICO* E O *DESESPERO FÁUSTICO* E ANGÚSTIA E DESESPERO NA TRANSIÇÃO DO ÉTICO AO RELIGIOSO

> O toque de despertar não é dado primordialmente pela inteligência, mas por um sentimento: *o sentimento da angústia*. O ser humano é abalado pelo sentimento desta carência inexplicável cujo efeito está em nos desterrar radicalmente. Na *angústia* nos é revelado a precariedade de nossa condição original, o estado inato de facticidade em que estamos.[20]

A equivalência envolvendo conhecimento e conversão da alma, eis o que se impõe à perspectiva de Sócrates que, baseada no princípio "conhece-te a ti mesmo", guarda correspondência com as fronteiras que

---

[20] Beaufret, 1976, p. 24.

encerram a concepção do saber como interioridade e o primado atribuído à questão ética em um processo que torna o conhecimento não apenas o sentido último do exercício filosófico, mas da própria existência, tendo em vista a noção acerca da necessidade de constituição de uma ciência moral através de raciocínios indutivos capazes de formar conceitos universais (como a coragem, a justiça, entre outros), à medida que circunscreve o *mal* à ignorância de si em um movimento no qual a ignorância de si emerge como um saber.

Nesta perspectiva, se a *verdade* não é passível de transmissão ou ensino a partir da exterioridade do indivíduo na medida em que atribui ao saber um caráter essencialmente reflexivo, guardando correspondência com a ação de concentrar-se em si através de um movimento que escapa ao sentido de uma introspecção de ordem psicológica e individual e tende às fronteiras que encerram a descoberta do *universal* em si, a arte do *diálogo socrático* implica a possibilidade de libertação do sujeito através de um processo que envolve a consciência do seu pseudo-saber e a superação da ignorância, que resulta do confronto de ideias e conceitos em uma relação cujas implicações são desenvolvidas e submetidas à prova, convergindo para a emergência de elementos incompatíveis e estruturas contraditórias que se conjugam em uma construção que tem a pretensão de definir uma realidade material ou imaterial, o que implica a conclusão de que as consequências do raciocínio não se impõem senão pelas opiniões particulares e pelo condicionamento das paixões.

Dessa forma, convergindo para a constituição do saber verdadeiro em um processo que demanda a superação das particularidades através de uma reflexão crítica que desestrutura o arcabouço das crenças, dogmas e axiomas existentes, o *diálogo socrático* encerra o conhecimento de si e implica a descoberta do *universal* e o consenso acerca da verdade e do bem em uma construção que, sobrepondo-se às fronteiras que envolvem as opiniões e as suas paixões determinantes, objetiva o aperfeiçoamento do homem enquanto indivíduo concreto e cidadão, tendo em vista a concepção acerca da necessidade de dedicação ao exercício da temperança como prerrogativa para uma conduta de justiça, capaz de se sobrepor aos interesses particulares e que implica o respeito pela igualdade e pela reciprocidade.

 Correlacionando o exercício filosófico e a ética e a política, o *diálogo socrático* implica o despertamento crítico através do princípio da *razão negativa* caracterizado pela *ironia* em um

A transformação do sujeito em si mesmo e a fé como *relação absoluta com o Absoluto* em Kierkegaard   Luiz Carlos Mariano da Rosa

processo interrogativo baseado na consciência da ignorância que converge para um exame, uma avaliação que se impõe mais aos próprios homens em sua individualidade e subjetividade do que em relação as suas ideias ou noções da realidade em um movimento que tende à manifestação da sua natureza através da exposição dos seus pensamentos e atos, convergindo para a perturbação da ordem de conhecimento e ação existente na medida em que, no tocante à constituição da realidade e à compreensão do mundo, detém a possibilidade de *colocar em questão* e *pôr em crise* a estabilidade sociocultural e o arcabouço paradigmático de ideias e valores, normas ou regras, sobrepondo-se ao poder institucionalizado em uma construção que não se restringe à esfera intelectual, mas supõe o desafio da *mudança*, a *transformação*.

Nesta perspectiva, se o princípio da dúvida impõe-se ao exercício da autonomia e à determinação da verdade através dos próprios recursos cognitivos e capacidade intelectual em um processo que questiona crenças, dogmas e axiomas, instaurando o pensamento filosófico moderno e a necessidade de aplicação de um método que possibilite a construção do conhecimento, este, emergindo como mediato (discursivo), ou seja, indireto, guarda correspondência com um *processo*, transmitindo a ideia de uma série de atos que objetiva alcançar a realidade das coisas e dos objetos *ideais*, proporcionando, enfim, a definição do seu conceito, que, em suma, dependendo do grau de abstração que o envolve, impõe, de modo correspondente, o distanciamento do sujeito diante da realidade concreta, artifício que se torna fundamental enquanto possibilidade de transcendência,

A transformação do sujeito em si mesmo e a fé como *relação absoluta com o Absoluto* em Kierkegaard
Luiz Carlos Mariano da Rosa

convergindo para produzir a alienação do homem em sua individualidade em relação ao contexto histórico-cultural e político-social, conforme os casos de Sócrates e Fausto, cujas figuras, exemplos paradigmáticos da existência moderna, incorporam a negatividade que acarreta, no caso do primeiro, a ruptura entre o homem e o Estado, e, no caso do segundo, a cisão entre o homem e a religião, em um movimento que atribui primazia ao indivíduo e a sua subjetividade e implica dor e sofrimento: o *martírio socrático* e o *desespero fáustico*.

> O indivíduo, que sai do geral por opção, só retorna em *relação absoluta com o absoluto*. Ética, nessa visão, é equivalente de coletivo. Isso significa soma de indivíduos e, no caso, de indivíduos que pecam. Abraão, embora mortal e falho, não se torna indivíduo pecando, no caso, contra a ética. Abraão é o eleito de Deus. Para Silentio, o demônio socrático, por exemplo, reside fora do geral e o indivíduo está fora do geral por circunstâncias, não por sua culpa. Há um ponto de semelhança entre a eleição de Deus por Abraão e a ordem que Sócrates recebe do oráculo, ainda que Sócrates possua o seu demônio interior.

A transformação do sujeito em si mesmo e a fé como *relação absoluta com o Absoluto* em Kierkegaard   Luiz Carlos Mariano da Rosa

> O indivíduo que, na visão de nosso autor, quer salvar o geral com seu mistério e seu silêncio é um incrédulo (como Fausto de Goethe) ou irônico (como Sócrates). Para Silentio, a ironia é a superioridade do subjetivo sobre o objetivo; esta posição é exatamente oposta ao que acreditava Hegel. Logo, Abraão pode ser admirado, mas não entendido (...).[21]

À impossibilidade da *suspensão teleológica da moral* que, circunscrevendo-se à instância do geral, demanda do homem em sua individualidade concreta uma conduta que se lhe corresponda em um movimento baseado na racionalidade que o caracteriza, impõe-se o paradoxo que emerge da relação com o Absoluto, que se sobrepõe à referida instância e torna o *dever absoluto*, conforme defende Kierkegaard que, nesta perspectiva, opõe o sacrifício de Abraão, o "herói da fé", ao sacrifício de Agamêmnon, o "herói trágico", que imola a sua filha Ifigênia no interesse da cidade e para

---

[21] Paula, 2008, p. 6, grifos do autor.

A transformação do sujeito em si mesmo e a fé como *relação absoluta com o Absoluto* em Kierkegaard   Luiz Carlos Mariano da Rosa

o bem da coletividade em um comportamento cuja manifestação guarda raízes na instância do geral[22], sublinhando que se no caso do "herói trágico" o objeto do dever é o seu único desejo em uma relação que implica a renúncia ao desejo em função do dever, no exemplo do "herói da fé" há uma identificação entre desejo e dever em um processo que demanda a

---

[22] "De acordo com os *Cantos Cíprios*, poemas que narram fatos anteriores à *Ilíada*, os Aqueus, ignorando as vias de acesso para Tróia, abordaram em Mísia, na Ásia Menor e, depois de diversos combates esparsos, foram dispersados por uma tempestade, regressando cada um a seu reino. Oito anos mais tarde, reuniram-se novamente em Áulis. O mar, todavia, permaneceu inacessível aos navegantes por causa de uma grande calmaria. Consultado mais uma vez, Calcas explicou que o fato se devia à cólera de Ártemis, porque Agamêmnon, matando uma corça, afirmara que nem a deusa o faria melhor que ele. A cólera de Ártemis poderia se dever também a Atreu, que, como se viu, não lhe sacrificara o carneiro de velo de ouro ou ainda porque o rei de Micenas prometera sacrificar-lhe o produto mais belo do ano, que, por fatalidade, havia sido sua filha Ifigênia. Agamêmnon, após alguma relutância, terminou por consentir no sacrifício de Ifigênia, ou por ambição pessoal, ou por visar ao bem comum." (Brandão, 1986, p. 86-87)

renúncia a ambos, transcendendo a sua atitude o arcabouço da moral que, com os seus códigos, normas e regras, é relegado à condição de uma instância relativa.

> O verdadeiro herói trágico sacrifica-se ao geral com tudo o que lhe é próprio: os seus atos, todos os seus impulsos pertencem ao geral; está manifesto e nessa manifestação é o filho bem amado de ética. A sua situação não se aplica a Abraão, que nada fez pelo geral e permanece no secreto. Estamos então em presença do paradoxo. *Ou o Indivíduo pode, como tal, estar em relação absoluta com o absoluto, e nesse caso a moralidade não é o supremo estádio, ou então Abraão está perdido; não é um herói nem trágico nem estético.* Nestas condições pode parecer que nada é mais fácil do que o paradoxo. Torna-se-me então necessário repetir que, se cremos nisso firmemente, não se é cavaleiro da fé, porque a única legitimação concebível é a tribulação e a angústia, ainda que não se lhe possa dar uma acepção geral, porque então suprime-se o paradoxo.[23]

Caracterizando-se como um fenômeno que guarda oposição à razão e ao bom senso, a fé de

---

[23] Kierkegaard, 1979, p. 178-179, grifos meus.

A transformação do sujeito em si mesmo e a fé como *relação absoluta com o Absoluto* em Kierkegaard   Luiz Carlos Mariano da Rosa

Abraão se sobrepõe às regras ou normas instituídas, convergindo para um movimento que desde a sua origem emerge destituído de lógica, à medida que não há sentido em crer na própria possibilidade de uma ordem divina desse tipo, o que implica o grau de dificuldade envolvido no conteúdo da mensagem e na condição do seu emissor, qual seja, o Absoluto, em um processo que encerra como fundamento a relação entre o humano e o divino. Perder a razão e, consequentemente, a dimensão de existência com a qual mantém liames irredutíveis no processo de constituição da realidade objetiva, eis o que se impõe à fé corporificada por Abraão diante da determinação divina da total aniquilação daquilo que representava o seu mundo finito, a saber, Isaque, por intermédio do qual o sentido da sua vida estava assegurado, haja vista o papel destinado a cumprir como herdeiro do patriarca hebreu.

> Depois dessas coisas, pôs Deus Abraão à prova e lhe disse: Abraão! Este lhe respondeu: Eis-me aqui! Acrescentou Deus: Toma teu filho, teu único filho, Isaque, a quem amas, e vai-te à terra de Moriá; oferece-o ali em holocausto, sobre um dos montes, que eu te mostrarei.
> Levantou-se, pois, Abraão de madrugada e, tendo preparado o seu jumento, tomou consigo dois dos seus servos e a Isaque, seu filho; rachou lenha para o holocausto e foi para o lugar que Deus lhe havia indicado.[24]

Angústia, eis o que se impõe à contradição envolvendo as perspectivas moral e religiosa encarnada por Abraão diante da ordem de Deus em referência ao seu filho, Isaque, em um processo que guarda possibilidade de não se circunscrever a um sacrifício, mas caracterizar-se como um ato de um indivíduo execrável ou até mesmo de um louco, convergindo para as

---

[24] Bíblia de Estudo de Genebra, Gn 22, 1-3, 1999, p. 40.

A transformação do sujeito em si mesmo e a fé como *relação absoluta com o Absoluto* em Kierkegaard   Luiz Carlos Mariano da Rosa

fronteiras que encerram a fé como uma *relação absoluta* com o Absoluto, segundo Kierkegaard, que atribui a sua experiência a condição de uma *incerteza absoluta* e mantém o seu exercício sob a égide que envolve *temor* e *tremor*, tendo em vista o paradoxo que *crer* implica em um movimento cuja dimensão emerge como o desafio do desespero.

Opondo-se à concepção de um fenômeno que ocupa o lugar do saber na ausência de certeza ou uma escolha racional exercida em relação ao futuro, a fé atribui à angústia um valor educativo absoluto em um processo que envolve o desnudamento das ilusões do mundo finito através da corrosão de todas as suas coisas, convergindo o exercício de crer para a única forma de vida capaz de superar o desespero que, consistindo no sintoma da "posse" da eternidade em si, demanda que o indivíduo torne-se a "Exceção" ou o "Escândalo", tal qual Abraão[25], que acredita em virtude do absurdo no paradoxo absoluto que implica a intrusão do Eterno no temporal através da ordem de Deus para sacrificar o seu filho em um movimento que assinala que a autenticidade da existência guarda correspondência com a condição verdadeiramente religiosa de um sujeito capaz de desesperar, não consentindo com a possibilidade da fuga, mas procurando a verdade nas profundezas dessa experiência.

---

[25] "Se bem que o sacrifício de Abraão se assemelhe a todos os sacrifícios de recém-nascidos do mundo antigo, a diferença entre ambos é total. Se nas culturas primitivas um tal sacrifício, não obstante seu caráter religioso, era exclusivamente um *hábito*, um *rito*, cuja significação se tornava perfeitamente inteligível, no caso de Abraão é um *ato de fé*. O Patriarca *não compreende* por que um tal sacrifício lhe é imposto, mas ele se dispõe a fazê-lo, porque o Senhor o exigiu. Por este ato, aparentemente absurdo, Abraão inaugura uma nova experiência religiosa: a substituição de gestos arquetípicos por uma religião implantada na *fé*." (Brandão, 1986, p. 93, grifos do autor)

A transformação do sujeito em si mesmo e a fé como *relação absoluta com o Absoluto* em Kierkegaard   Luiz Carlos Mariano da Rosa

A angústia pode ser comparada à vertigem. Quando o olhar imerge num abismo, existe uma vertigem, que nos chega tanto do olhar como do abismo, visto que não seria impossível deixar de encarar. Esta é a angústia, vertigem da liberdade, que surge quando, ao desejar, o espírito, estabelecer a síntese, a liberdade imerge o olhar no abismo das suas possibilidades e agarra-se à finitude para não soçobrar.[26]

A pretensão de escapar à angústia converge para uma condição que envolve possibilidades existenciais que encerram a procura do sentido ou a busca do Absoluto na imanência, como o movimento do sujeito que vive no instante do prazer sensual em sua fruição de si próprio e em detrimento de tudo o que caracteriza-se pela banalidade, pela insignificância e pela mesquinhez em um comportamento complacente que, em busca da felicidade, tende a evitar a monotonia que envolve a repetição, que configura a atitude

---

[26] Kierkegaard, 1968, p. 66.

estética²⁷ e traz como símbolo Don Juan, a encarnação do sedutor, e tem como destino o tédio e, consequentemente, o desespero, ou como na conduta *ética ou moral*²⁸, que implica a consonância do indivíduo e da sua subjetividade com o princípio geral do bem e do mal em um processo cuja integração traz como fundamento a *repetição* representada pelas

---

²⁷ "Aquele que vive esteticamente espera tudo de fora. Daí a angústia enfermiça com que muita gente fala do que há de terrível no fato de não ter encontrado seu lugar no mundo. A angústia demonstra sempre que o indivíduo espera tudo desse lugar, nada de si mesmo." (Kierkegaard, 2001, p. 131)

²⁸ "A pessoa ética tem seu centro em si mesma, não fora de si. Enquanto a pessoa estética esquece de si, a pessoa ética tenta esquecer tudo, exceto ela mesma. A pessoa ética escolhe a si mesma em seu valor eterno. No ético, a repetição torna-se uma possibilidade, já que se é ao universal e, continuamente, se torna atitude com pensamento no eterno. O esteta identifica a felicidade humana com prazer. O ético identifica a felicidade humana como uma realização de uma tarefa obrigatória, tão essencialmente relacionada à personalidade, a ponto de ser imanente a ela, sendo nada mais nada menos que a realização do seu verdadeiro e dado 'eu'." (Gouvêa, 2006, p. 260)

A transformação do sujeito em si mesmo e a fé como *relação absoluta com o Absoluto* em Kierkegaard   Luiz Carlos Mariano da Rosa

escolhas que a vida no âmbito de uma organização social requer para a manutenção de uma "boa consciência" e que envolvem desde a atividade profissional até a constituição familiar, que consistem em expressões do *ethos* de uma determinada comunidade. Dessa forma, expondo a condição humana e a ruptura envolvendo o ético e o religioso, Kierkegaard defende a necessidade do *salto qualitativo* entre ambos os *estádios de existência* [29] em um movimento que, sobrepondo-se à possibilidade de reconciliação dos contrários, demanda a

---

[29] "Cada um dos estágios é um modo de ser da existência humana (modo de ser além disso 'escolhido' pelo sujeito e com o qual este 'se compromete'). Como o estágio ético parece a negação do estético e o religioso a negação do ético, pode-se pensar que nos encontramos perante uma tríade de caráter hegeliano regida por leis dialéticas. Ora, mesmo que, em sua oposição ao hegelianismo, Kierkegaard tenha absorvido deste mais do que ele mesmo acreditava, deve-se reconhecer que a tríade em questão é dialética num sentido não idêntico ao hegeliano. Por um lado, trata-se de escolha e não de determinação racional. Por outro lado, não há síntese no sentido hegeliano." (Mora, 2004a, p. 1644)

radicalização do paradoxo, a saber, a fé, que não representa para o existente singular qualquer solução geral em um processo no qual o ato de crer converge, na referida transição, para as fronteiras que não perfazem senão a experiência do abandono do *Eu* à *Transcendência*.

> Peca o Indivíduo que reivindica a sua individualidade frente ao geral, e não pode reconciliar-se com ele senão reconhecendo-o. De cada vez que o Indivíduo, depois de ter entrado no geral, se sente inclinado a reivindicar a sua individualidade, entra numa crise da qual só poderá libertar-se pela via do arrependimento e abandonando-se, como Indivíduo, no geral. Se tal é o fim supremo destinado ao homem e à sua vida, a moralidade participa então da mesma natureza da eterna felicidade do homem, a qual constitui em cada momento, e para toda a eternidade, o seu *telos* porque haveria contradição em afirmar-se que ela pode ser abandonada (quer dizer, teleologicamente suspensa), visto que, desde o momento em que se suspendeu, está perdida, enquanto que estar suspenso não significa perder-

se, mas conservar-se na esfera superior que é o seu *telos*.[30]

Nesta perspectiva, sobrepondo o indivíduo singular ao universal, a fé consiste em um fenômeno que guarda raízes na interioridade humana em um movimento que encerra a impossibilidade de sua tradução em uma linguagem que se impõe através de universais, convergindo para as fronteiras que atribui à condição de crer uma essencial contraditoriedade e absurdez, haja vista o caráter paradoxal que distingue o seu exercício que, prescindindo de razoabilidade e de uma natureza objetiva e discursiva, não é passível de comunicação, circunscrevendo-se a uma experiência subjetiva, conforme expõe a *suspensão teleológica do ético* exemplificada pelo caso de Abraão e a sua relação com o

---

[30] Kierkegaard, 1979, p. 141.

A transformação do sujeito em si mesmo e a fé como *relação absoluta com o Absoluto* em Kierkegaard   Luiz Carlos Mariano da Rosa

Absoluto diante da ordem que implica o sacrifício de seu filho em um processo que encarna a transição do ético ao religioso através de um *salto qualitativo* que não assinala senão a possibilidade de superação da ética e da lei[31].

Então por que é que o fez Abraão? Por amor a Deus, como, de maneira absolutamente idêntica, por amor de si mesmo. Por amor de Deus porque este exige essa prova de fé; e por amor de si mesmo para dar a prova. É por isso que ele me aterroriza ao mesmo tempo que suscita a minha admiração. *Aquele que se renega a si próprio e se sacrifica ao dever renuncia ao finito para alcançar o infinito.*[32]

---

[31] Convém destacar a diferença radical que há em relação ao princípio que, baseado na suposta ilimitada liberdade religiosa, professa atos ilegais ou imorais, determinando a conduta e as práticas do assassino ou do terrorista moderno, que em função de suas crenças explicam as suas ações, justificando as suas motivações e defendendo-as em nome de Deus e da Religião em detrimento da lei, das normas do Estado e da sociedade.

[32] Kierkegaard, 1979, p. 144-145, grifos meus.

A transformação do sujeito em si mesmo e a fé como *relação absoluta com o Absoluto* em Kierkegaard   Luiz Carlos Mariano da Rosa

CAPÍTULO 2[33]

ABRAÃO, "PAI DA FÉ" E "AMIGO DE DEUS", COMO PROTÓTIPO DE UM *NOVO MODO DE EXISTÊNCIA* EM MIRCEA ELIADE E A FÉ COMO *RELAÇÃO ABSOLUTA COM O ABSOLUTO* EM KIERKEGAARD

Detendo-se na disposição de Abraão em sacrificar o seu filho, Isaque, obedecendo a

---

[33] O referido capítulo é constituído por trechos que integram o conteúdo publicado em forma de artigo, sob o título *Abraão, "Pai da Fé" e "Amigo de Deus", como protótipo de um novo modo de existência em Mircea Eliade e a fé como relação absoluta com o Absoluto em Kierkegaard*, pela **Revista Litterarius (Faculdade Palotina)**, ISSN: 2237-6291, v. 17, n. 1, p. 1-25, jun. 2018, Santa Maria – RS, Brasil, e sob o título *Abraão como protótipo de uma nova existência em Mircea Eliade e a fé como movimento envolvendo o finito e o infinito em Kierkegaard*, pela **Revista Diversidade Religiosa (UFPB)**, ISSN: 2317-0476, v. 8, n. 1, p. 140-166, jun. 2018, João Pessoa – PB, Brasil, e sob o título *Abraão, "Pai da Fé" e "Amigo de Deus", como protótipo de uma nova existência e a fé como relação absoluta com o absoluto em Kieerkegaard*, pela **Revista Húmus (UFMA)**, ISSN: 2236-4358, v. 7, n. 24, p. 243-264, set.-dez. 2018, São Luís – MA.

A transformação do sujeito em si mesmo e a fé como *relação absoluta com o Absoluto* em Kierkegaard　　　Luiz Carlos Mariano da Rosa

Deus, o texto mostra que tal ato diverge totalmente das práticas sacrificiais das comunidades arcaicas e da sua concepção moral baseada no *geral* ou *universal*, convergindo para a instauração de uma *nova experiência existencial* na medida em que, segundo o referencial teórico de Mircea Eliade, consiste na sobreposição dos *gestos arquetípicos* do *homo religiosus* e do movimento que reatualiza a *história sagrada* e alcança o *real* e o *significativo* pela *relação absoluta com o Absoluto*.

Nesta perspectiva, se Isaque consiste no cumprimento da promessa de Deus através de uma intervenção sobrenatural em uma construção que pressupõe a sua existência como um *dom de Deus*, um *filho da promessa*, que encerra simbolicamente a condição de *filho de deus*, o texto sublinha, por intermédio da leitura teológico-filosófica de Kierkegaard, a crise entre o princípio moral e a ordem de Deus em um processo que à *verdade objetiva* corporificada pela instância do *ético* ou *geral* impõe-se a *verdade existencial*, que guarda raízes nas fronteiras da subjetividade e emerge do paradoxo[34], consistindo em uma construção que, em face da incapacidade do pensamento e

---

[34] Consistindo em uma *determinação ontológica* que converge para as fronteiras que assinalam a relação entre um espírito existente e cognoscente e a verdade eterna, o paradoxo, segundo Kierkegaard, perfaz, em última instância, uma *categoria* que se impõe às ligações que envolvem finito e infinito, tempo e eternidade, uno e múltiplo, individual e universal, fé e razão, caracterizando-se, dessa forma, como toda a fé, na medida em que esta traz em sua constitutividade essencial irracionalidade e contradição e encerra um processo que implica a possibilidade de um exercício que, sobrepondo-se ao racional e ao lógico, abrange tudo em um movimento que supõe o desafio de assumir a totalidade dos riscos imbricados em sua construção, que emerge como fundamento da correspondência desenvolvida entre o indivíduo em sua finitude e o Ser Supremo em sua absoluta transcendência em um intercâmbio que escapa a qualquer tipo de *mediação*.

da impotência da linguagem diante do *Transcendente*, tende à *incerteza objetiva*[35].

Se a fé se impõe como a condição que vivencia o paradoxo da relação com Deus através da instauração de uma experiência que converge para a superação do *universal* e implica a *suspensão teleológica do ético*[36] e do

---

[35] Encerrando a vivência e a certeza da fé em uma relação que se constitui como um *paradoxo* e um *absurdo* e que envolve, na realidade da subjetividade, o indivíduo em sua finitude e o Ser Supremo em sua absoluta transcendência, a *incerteza objetiva* caracteriza a condição *sine qua non* da fé enquanto *paixão infinita da interioridade*, na medida em que o seu exercício torna-se irredutível a um objeto de saber, guardando incompatibilidade concernente ao conhecimento em um processo que se sobrepõe a qualquer tipo de segurança ou firmeza baseada em um fundamento que permaneça sob uma égide que não seja a dimensão da interioridade, cuja condição escapa à vida própria das ideias e aos seus conceitos racionais, ao pensamento, haja vista a concepção de que a *verdade* é a *subjetividade*: "Contra o que afirmava Hegel, não há equivalência entre o ser e a razão, a realidade e o pensamento. A verdade não é o 'puro pensamento': a verdade é a subjetividade." (Mora, 2004, p. 1644)

[36] Caracterizando-se como imanente em si própria, a moralidade guarda correspondência com o *geral* em um

A transformação do sujeito em si mesmo e a fé como *relação absoluta com o Absoluto* em Kierkegaard   Luiz Carlos Mariano da Rosa

geral em um processo que envolve a apropriação na *incerteza objetiva* da *paixão da interioridade,* o artigo enfatiza o *dever absoluto* como fundamento da *relação absoluta com o Absoluto* que implica a superação de uma noção de Divindade circunscrita à instância do *geral* e do *ético* em uma construção que relaciona o caráter pessoal do Divino e a Sua condição de Sujeito através da possibilidade de

---

movimento que escapa a qualquer *telos* que não advenha do conteúdo que o perfaz enquanto tal, convergindo para a impossibilidade da transposição das suas fronteiras pelo indivíduo que, sob a acepção de um ser imediato, sensível e psíquico, é determinado pela instância do *ético*, que encerra o seu *telos* em uma construção que implica a necessidade de que o sujeito renuncie a sua individualidade e participe da *generalidade* que emerge da relação do homem com o arcabouço que configura a esfera pública ou o *universal*. Dessa forma, a *suspensão teológica do ético* constitui-se o ato de se sobrepor à mediação do *geral* e as suas determinações e elevar-se acima do *ético*, do *universal*, e conservar-se em uma esfera superior de existência que traz como fundamento um *telos* superior, convergindo para a superação da finitude em face da eternidade em um processo que culmina na sua recuperação através da subordinação do *ético*, do *geral*, do *universal*, ao religioso.

expressar a Si mesmo como vontade para a subjetividade da individualidade empírica enquanto *verdade em ato*. Dessa forma, se a leitura teológico-filosófica assinala o paradoxo envolvendo a paixão da interioridade e a incerteza objetiva como possibilidade de instauração de relação com o *Absoluto* e *Transcendente* através de um processo que envolve o *dever absoluto* como condição fundamental na *suspensão teológica da moral*, convergindo para as fronteiras que encerram a transformação do próprio *existente singular*, o diálogo com a perspectiva teológico-bíblica caracteriza a experiência de Abraão como protótipo de um *novo modo de existência* na medida em que se constitui um *modo de existir* que pressupõe o nascimento de um *novo ser* e acena com a condição existencial do *homo religiosus* após a manifestação do Deus-Homem Jesus Cristo em uma construção que implica o

A transformação do sujeito em si mesmo e a fé como *relação absoluta com o Absoluto* em Kierkegaard — Luiz Carlos Mariano da Rosa

amor incondicional a Deus como fundamento da fé salvífica.

A transformação do sujeito em si mesmo e a fé como *relação absoluta com o Absoluto* em Kierkegaard   Luiz Carlos Mariano da Rosa

A transformação do sujeito em si mesmo e a fé como *relação absoluta com o Absoluto* em Kierkegaard   Luiz Carlos Mariano da Rosa

I PARTE

ABRAÃO E A *RELAÇÃO ABSOLUTA COM O ABSOLUTO* COMO UMA *NOVA EXPERIÊNCIA EXISTENCIAL*: DOS GESTOS ARQUETÍPICOS DO *HOMO RELIGIOSUS* AO *ATO DE FÉ*

> Basicamente, o horizonte dos arquétipos e da repetição não pode ser ultrapassado com impunidade, a menos que nós aceitemos uma filosofia de liberdade que não exclua Deus. E, de fato, isso provou ser verdade quando o horizonte dos arquétipos e da repetição foi ultrapassado, pela primeira vez, pelo judeu-cristianismo, que introduziu uma nova categoria na experiência religiosa: a categoria da fé.[37]

A existência do sujeito das sociedades arcaicas consiste no resultado de uma série de eventos míticos, cujos acontecimentos primordiais, guardando raízes nas fronteiras que encerram *in illo tempore*, convergem para assinalar o fundamento da condição de um ser

---

[37] Eliade, 1992, p. 153.

caracterizado pela mortalidade e pela sexualidade, assim como pela necessidade de organizar-se em sociedade e trabalhar para viver, cumprindo uma função determinante os relatos de "histórias" primordiais que sob o sentido de *histórias sagradas* implicaram na constituição dos indivíduos como tais em uma construção que funciona, em suma, como paradigma. Dessa forma, as "histórias" primordiais servem para orientar as relações envolvendo os homens entre si no âmbito da comunidade e diante da natureza e do mundo na medida em que institui os valores, as regras, as práticas e as condutas que devem ser obedecidas concernente ao seu *modus vivendi* no Cosmo, o que implica, em última instância, a sua constante rememoração e a periódica reatualização do seu conteúdo em um processo que supõe a repetição das ocorrências que emergiram *ab origine* através da realização de ritos e da evocação do poder da origem das coisas, haja vista que

> um mito relata acontecimentos que têm lugar *in principio*, isto é «nos princípios», num instante primordial e intemporal, num lapso de *tempo sagrado*. Este tempo mítico ou sagrado é qualitativamente diferente do tempo profano, da duração contínua e irreversível na qual se insere a nossa existência quotidiana e des-sacralizada. Relatando um mito, reatualiza-se de certo modo o tempo sagrado no qual se cumpriram os acontecimentos de que se fala. (Eis porque nas sociedades tradicionais se não pode contar os mitos em qualquer altura nem de qualquer maneira: só se pode recitá-los nas estações sagradas, na selva e durante a noite, ou em redor do fogo, antes ou após os rituais, etc.). Numa palavra, supõe-se o mito passado num tempo — se nos permitem a expressão — intemporal, num instante sem duração, como certos místicos e filósofos vêem a eternidade.[38]

Nesta perspectiva, que atribui ao conteúdo dos relatos míticos o *status* de uma *história sagrada*, torna-se fundamental a transmissão e

---

[38] Eliade, 1979, p. 56-57.

A transformação do sujeito em si mesmo e a fé como *relação absoluta com o Absoluto* em Kierkegaard   Luiz Carlos Mariano da Rosa

a aquisição do referido conhecimento em um processo que o encerra como esotérico e demanda a participação do sujeito no rito de iniciação através de um movimento de integração de valores, regras, práticas e condutas que converge para o exercício do poder mágico-religioso pressuposto na veiculação da *verdade* correspondente a sua origem, à medida que encerra a possibilidade de domínio sobre uma determinada *realidade* (fenômeno ou atividade, objeto, animal ou planta, além do próprio homem), tendo em vista a concepção de que a revelação do seu segredo, dos princípios de sua constituição essencial, em suma, permite a evocação de sua *criação exemplar* e a mobilização de uma espécie de *força mágica* capaz de resultar no seu regresso à condição originária[39].

---

[39] Eis o exemplo, citado por Mircea Eliade, que ilustra tal situação: "Em Timor, por exemplo, quando germina um

A transformação do sujeito em si mesmo e a fé como *relação absoluta com o Absoluto* em Kierkegaard   Luiz Carlos Mariano da Rosa

Ao conhecimento do mito de origem, como pressuposto para o domínio em relação a uma determinada realidade, impõe-se a necessidade da apreensão pormenorizada da sua narrativa em um processo que envolve a utilização correta das palavras empregadas desde a sua primeira aparição e que, por esse motivo, são capazes de trazer à existência o seu *começo*, convergindo para a produção dos efeitos pretendidos na realização do rito, que consiste, em última instância, em uma proclamação que através da recitação implica a *demonstração*

---

arrozal, dirige-se ao campo alguém que conhece as tradições míticas referentes ao arroz. 'Ele passa a noite na cabana da plantação, recitando as lendas que explicam como o homem veio a possuir o arroz (mito de origem)... Os que fazem isso não são sacerdotes'. Recitando o mito de origem, obriga-se o arroz a crescer tão belo, vigoroso e abundante como era quando *apareceu pela primeira vez*. Não é com o fim de 'instruí-lo' ou ensinar-lhe a maneira como deve comportar-se que o oficiante lembra ao arroz o modo como foi criado. Ele o *força magicamente a retornar à origem*, isto é, a reiterar sua criação exemplar." (Eliade, 1972, p. 19, grifos do autor)

dos eventos primordiais e a reintegração ao tempo fabuloso (sagrado) da condição originária da existência. Tal movimento encerra a possibilidade da vivência que tende à experiência de fruição e compartilhamento da presença dos Entes Sobrenaturais ou Deuses ou dos Heróis na evocação de sua manifestação em uma relação que se sobrepõe à concepção de uma construção que guarda exterioridade no que tange ao sujeito e mantém-se no nível da abstração, constituindo-se uma reatualização dos acontecimentos significativos da *criação exemplar* em um processo que culmina na transposição da dimensão de uma realidade ordinária para as fronteiras de um mundo transfigurado, que detém o *começo* de tudo e o sentido *forte* que como tal lhe subjaz.

Se a condição humana atual guarda correspondência com um processo que encerra uma profusão de eventos e acontecimentos que se desenvolveram *ab origine* os relatos míticos detêm um conteúdo que converge para expressar o *modo pelo qual* e a *razão de ser* da sua constituição, convergindo para a precedência do *essencial* concernente à existência através de uma perspectiva que, caracterizando o *homo religiosus*, assinala que a sua *autenticidade* e *realidade* da sua vida enquanto tal depende do momento da comunicação da *história sagrada* e do drama primordial em um movimento que implica a admissão das suas consequências e a necessidade da contínua rememoração e periódica reatualização do seu conteúdo, que remete aos "Tempos do Sonho" e evoca a *criação exemplar* do Mundo.

> O valor apodíctico do mito é periodicamente reconfirmado pelos rituais. A rememoração e a reatualização do evento primordial ajudam o homem "primitivo" a distinguir e reter o *real*. Graças à repetição contínua de um gesto paradigmático, algo se revela como *fixo* e *duradouro*

no fluxo universal. Através da repetição periódica do que foi feito *in illo tempore*, impõe-se a certeza de que algo *existe de uma maneira absoluta*. Esse "algo" é "sagrado", ou seja, transumano e transmundano, mas acessível à experiência humana. A "realidade" se desvenda e se deixa construir a partir de um nível "transcendente", mas de um "transcendente" que pode ser vivido ritualmente e que acaba por fazer parte integrante da vida humana.[40]

Funcionando cada ritual através de um modelo divino, um arquétipo, à medida que as ações e as condutas que os perfazem guardam correspondência com os atos e os comportamentos dos fundadores das referidas práticas, a saber, os Entes Sobrenaturais ou Deuses, Heróis Civilizadores ou Ancestrais Míticos, a projeção do sujeito contemporâneo para a época mítica do *começo* de tudo possibilita a sua reintegração ao Tempo Sagrado[41] e converge para a repetição dos

---

[40] Eliade, 1972, p. 124, grifos do autor.

[41] Tendo em vista que "um mito arranca o homem do seu tempo próprio — do seu tempo individual, cronológico,

A transformação do sujeito em si mesmo e a fé como *relação absoluta com o Absoluto* em Kierkegaard　　　Luiz Carlos Mariano da Rosa

gestos originais em um processo que atribui ao mito cósmico a condição de paradigma exemplar dos rituais que trazem como propósito a restauração da integridade absoluta de todas as coisas e seres, do Mundo, enfim, e de todos os fenômenos e atividades imbricadas na existência dos homens em sua realidade.

> Por meio de qualquer rito e, por conseguinte, por meio de qualquer gesto significativo – caça, pesca... – o primitivo insere-se no "tempo mítico". Porque "a época mítica", *dzugur*, não deve ser pensada simplesmente como um tempo passado, mas também como presente e futuro: como um estado tanto como um período. Este período é "criador", no sentido de que é, então, *in illo tempore*, que tiveram lugar a criação e a organização do cosmos, da mesma forma que a revelação, pelos deuses, ou pelos antepassados, ou pelos heróis civilizadores de

---

> 'histórico' — e o projeta, pelo menos simbolicamente, no Grande Tempo, num instante paradoxal que não pode ser medido porque não é constituído por uma duração. O que é o mesmo que dizer que o mito implica uma ruptura do Tempo e do mundo circundante; ele realiza uma abertura para o Grande Tempo, para o Tempo sagrado." (Eliade, 1979, p. 57)

todas as atividades arquetípicas. *In illo tempore*, na época mítica, tudo era possível.[42]

Nesta perspectiva, convergindo os relatos míticos para as fronteiras que encerram a exposição e a descrição das dramáticas irrupções do sagrado ou do sobrenatural no Mundo em um processo que atribui às referidas manifestações a capacidade de fundamentá-lo enquanto tal, um fenômeno como a fertilidade do solo mantém correspondência com a união marital cujo ritual, baseado no modelo exemplar da hierogamia, guarda relação com o ritmo cósmico e com o movimento de integração que o instaura e o perfaz, tornando-se capaz de produzir a emergência das forças de criação telúrica na medida em que implica o estímulo à *regeneração cósmica* e à *germinação universal*.

---

[42] Eliade, 2008, p. 319.

A transformação do sujeito em si mesmo e a fé como *relação absoluta com o Absoluto* em Kierkegaard   Luiz Carlos Mariano da Rosa

Dessa forma, diante da cultura paleo-oriental cujo simbolismo, envolvendo o casamento, emerge da hierogamia mítica, assegurando a fecundidade, a riqueza e a felicidade, e a regeneração do Mundo através de um processo que encerra a consumação da união matrimonial, seja da união cerimonial do rei, seja da união dos casais na Terra, à correlação que abrange ato sexual e trabalho agrícola alcança relevância, convergindo para a justificação ritual dos excessos orgíacos como fenômenos capazes de engendrar a fertilidade e a abundância *Universal* na medida em que o conteúdo mítico guarda correspondência com sacramentos, pressupondo uma *realidade absoluta*, caracterizada como *extra-humana*, em uma construção que expõe o drama sagrado do Cosmo e a necessidade da repetição de gestos arquetípicos em um movimento que reatualiza

A transformação do sujeito em si mesmo e a fé como *relação absoluta com o Absoluto* em Kierkegaard   Luiz Carlos Mariano da Rosa

a *história sagrada* e alcança o *real* e o *significativo*.

> Um sacrifício, por exemplo, não só reproduz com exatidão o sacrifício original, revelado por um deus *ab origine*, no princípio dos tempos, mas também é realizado naquele mesmo momento mítico primordial; em outras palavras, cada sacrifício realizado repete o sacrifício inicial e coincide com ele. Todos os sacrifícios são levados a cabo no mesmo instante mítico do princípio; por meio do paradoxo do rito, ficam suspensos o tempo e a duração profanos. E isso também vale para todas as repetições, isto é, todas as imitações dos arquétipos; por meio de uma tal imitação, o homem é projetado para a época mítica em que os arquétipos foram pela primeira vez revelados.[43]

Atribuindo a condição de *real* a um objeto ou a um ato se tal objeto ou o referido ato corresponder a imitação ou a repetição de um arquétipo em um processo que circunscreve a possibilidade de uma relação com a *realidade* ao sentido que envolve a participação ou a

---

[43] Eliade, 1992, p. 37.

imitação, a concepção ontológica das sociedades arcaicas, cuja vida cultural tem como fundamento o mito, converge para as fronteiras que encerram a *realidade* do sujeito ao movimento que implica a imitação e a repetição dos gestos de *outro*, a saber, os Entes Sobrenaturais ou Deuses, Heróis Civilizadores ou Ancestrais Míticos. Dessa forma, pressupõe a necessidade de uma espécie de *negação de si* enquanto tal no decorrer do *rito* ou do ato (alimentação, geração, cerimônias, caça, pesca, guerra, trabalho), tendo em vista que é esta prática que confere ao indivíduo caráter *real* na medida em que, interrompendo a "história profana", a duração, o gesto paradigmático que concretiza culmina na sua transposição para o Tempo Sagrado. "Enquanto pratica a repetição do sacrifício arquetípico, o autor do sacrifício, em total ação cerimonial, abandona o mundo profano dos mortais e introduz-se no mundo divino dos imortais"[44].

Nesta perspectiva, a disposição de Abraão em sacrificar o seu filho, Isaque, obedecendo a ordem de Deus, implica a sobreposição dos gestos arquetípicos do *homo religiosus* pela instauração de uma *nova experiência existencial* em um movimento que traz como fundamento o *ato de fé*, que converge para as fronteiras do *absurdo* e diverge totalmente das práticas sacrificiais das comunidades arcaicas e da sua concepção moral baseada no *geral*, cuja manifestação teofânica circunscreve-se ao sentido que envolve a circulação da energia sagrada no Cosmo através de um ciclo ininterrupto que encerra a correlação que abrange divindade/natureza, natureza/homem, homem/divindade, servindo o sangue do

---

[44] Eliade, 1992, p. 38.

primogênito[45] para a renovação da fertilidade do solo e das forças da vegetação no processo de regeneração que caracteriza a economia do sagrado no mundo antigo.

---

[45] "No mundo paleo-oriental, o primeiro filho era, não raro, considerado como *filho de deus*. É que no Oriente antigo as jovens tinham por norma passar uma noite no templo e 'conceber' do deus, representado, evidentemente, pelo sacerdote ou por um seu enviado, o *estrangeiro*. Pelo sacrifício desse primeiro filho, do *primogênito*, restituía-se à divindade aquilo que, de fato, lhe pertencia." (Brandão, 1986, p. 93)

A transformação do sujeito em si mesmo e a fé como *relação absoluta com o Absoluto* em Kierkegaard   Luiz Carlos Mariano da Rosa

II PARTE

ABRAÃO ENTRE O PRINCÍPIO MORAL E A ORDEM DE DEUS E O PARADOXO[46] ENVOLVENDO A PAIXÃO INFINITA DA INTERIORIDADE E A INCERTEZA OBJETIVA

Consistindo no cumprimento da promessa de Deus através de uma intervenção sobrenatural que se sobrepõe à esterilidade de Sara e à faixa etária de ambos[47], Isaque[48], como

---

[46] Torna-se relevante esclarecer que o termo em questão assinala que se "os problemas podem ser resolvidos mediante 'sínteses' à feição hegeliana; *os paradoxos só podem ser enfrentados por meio da escolha irremediável de 'um ou outro'.*" (Mora, 2004, p. 1644, grifos meus)

[47] Haja vista que Abraão tinha 100 anos e Sara, aproximadamente, 90 anos (Gn 17,17; 21,5).

[48] O significado do nome de Isaque é *riso*, tendo em vista a reação de Sara diante da comunicação do anjo acerca da promessa de Deus a Abraão envolvendo um filho: "Disse um deles: Certamente voltarei a ti, daqui a um ano; e Sara, tua mulher, dará à luz um filho. Sara o estava escutando, à porta da tenda, atrás dele. Abraão e Sara eram já velhos, avançados em idade; e a Sara já lhe

um *dom de Deus*, um *filho da promessa*, encerra simbolicamente a condição de *filho de deus*, principalmente pelo fato de que o contexto sociocultural do mundo paleo-oriental atribui ao primogênito tal *status* na medida em que, segundo a legislação mosaica, que encerra prescrições envolvendo os primogênitos [49] dos

---

havia cessado o costume das mulheres. Riu-se, pois, Sara no seu íntimo, dizendo consigo mesma: Depois de velha, e velho também o meu senhor, terei ainda prazer?" (Bíblia de Estudo de Genebra, Gn 18,10-12, 1999, p. 35-36)

[49] Torna-se relevante explicar que "a maioria das línguas semíticas possui nominativos monossilábicos dessa raiz [*bkr*] que significa 'primogênito', fazendo um paralelo ao que provavelmente é o significado original para hebraico *beḵôr*. O acadiano *bukru*, filho, se refere a divindades e apenas raramente a homens, e deve ser primeiro modificado por *rēstû*, a fim de significar 'primogênito'. A condição preferencial do primogênito provavelmente tem sua *raison d'être* (razão de ser) nas primeiras sociedades seminômades e agrícolas de Mesopotâmia. Assim, nas culturas urbanas posteriores da Suméria e Babilônia, o papel do primogênito foi reduzido (igualado à condição social de seus irmãos mais jovens no código legal de Hamurábi). No entanto, nas sociedades menos industrializadas da Assíria, Nuzi, Ugarite, Alalaque e Israel, o filho primogênito mantinha-se em um grau

homens e dos animais, há distinção entre o primogênito que simboliza as primícias da força viril (primogênito do pai[50]) e o primogênito que representa a abertura do útero materno (primogênito da mãe[51]), que corresponde ao caso de Isaque que, conforme a determinação da Lei Mosaica, devia ser consagrado a Javé[52],

---

privilegiado. O AT ressalta a ordem de sucessão e sequência. Isso se aplica à posição pessoal de um indivíduo na tribo e unidade familiar, mas também se refere à produção agrícola." (Vangemeren, 2011, p. 636)

[50] Cabe sublinhar que "era no primogênito que o vigor viril não misturado de um pai se manifestava" (Vangemeren, 2011, p. 307). Importa esclarecer também que, "paternalmente, o primogênito era 'o primeiro' (*rë'sît*) da 'força (procriadora)' do pai (Gn 49.3; Dt 21.17)." (Vangemeren, 2011, p. 636)

[51] Primogênito, maternalmente, significa "aquele 'que primeiro abre (*peter*) o ventre', seja com referência aos homens ou aos animais (Êx 13.2; 34.20; Nm 3.12)." (Vangemeren, 2011, p. 636)

[52] "Deus reivindicou que todo o Israel e todas as suas possessões lhe pertenciam. Como prova desta reivindicação, Israel devia lhe dar todos os 'primogênitos' (Êx 13.1-16). Os animais seriam sacrificados, redimidos ou mortos, enquanto que as crianças masculinas eram redimidas ou substituídas pelos levitas ou pelo

tendo em vista o costume, registrado nas tradições religiosas de Israel, que guarda correspondência com o fato de Deus ter poupado os primogênitos [53] dos hebreus, no êxodo do Egito[54].

Nesta perspectiva, convém salientar o processo de revelação divina em relação a Abraão, que tem origem em Harã[55], segundo o

---

pagamento de um preço de redenção (Nm 3.40ss)." (Vine; Unger; White Jr., 2002, p. 246)

[53] Nesta perspectiva, cabe salientar que, se em linguagem figurada primogênito consiste na pessoa ou no objeto que encerra predileção entre os demais de sua espécie (Sl 89,28; Jo 18,13; Is 14,30), alcança relevância a condição atribuída a Jesus Cristo no Novo Testamento como "*primogênito entre muitos irmãos* (Rm 8,29), o *primogênito dos mortos* (Cl 1,18) e o *primogênito de tôda a criação* (Cl 1,15)" (Dicionário, 2014, p. 1218, grifos meus).

[54] "Disse o SENHOR a Moisés: Consagra-me todo primogênito; todo que abre a madre de sua mãe entre os filhos de Israel, tanto de homens como de animais, é meu." (Bíblia de Estudo de Genebra, Êx 13,1-3, 1999, p. 93)

[55] Oriundo de Ur dos caldeus, sul da Mesopotâmia, cuja cidade era habitada pelo primeiro povo nômade que na Antiga Idade da Pedra ocupou essa região, Abraão desloca-se para Harã, localizada na encruzilhada das

relato bíblico[56], quando o patriarca tinha 75 anos, e, antes de culminar na prova de fé envolvendo o sacrifício de seu filho Isaque, envolve determinados momentos teofânicos, como o momento do estabelecimento da aliança[57] com Abraão e o momento da mudança de nomes (quando Abrão torna-se Abraão[58] e

---

caravanas de Babel para a Síria, o Egito e a Ásia Menor, em um processo migratório envolvendo o clã de Abraão que teve como líder Terá, o seu pai: "Tomou Terá a Abrão, seu filho, e a Ló, filho de Harã, filho de seu filho, e a Sarai, sua nora, mulher de seu filho Abrão, e saiu com eles de Ur dos caldeus, para ir à terra de Canaã; foram até Harã, onde ficaram." (Bíblia de Estudo de Genebra, Gn 11,31, 1999, p. 27)

[56] "Partiu, pois, Abrão, como lho ordenara o SENHOR, e Ló foi com ele. Tinha Abrão setenta e cinco anos quando saiu de Harã." (Bíblia de Estudo de Genebra, Gn 12, 4, 1999, p. 28)

[57] Nesta perspectiva, cabe esclarecer que "Abraão provavelmente adorava o deus mesopotâmico da lua Sim, antes de Deus fazer uma aliança com ele. Josué 24.2,14 afirma que os antepassados patriarcais adoravam deuses pagãos na Mesopotâmia. Alguns argumentam que os patriarcas adoravam um deus sem negar a existência de outros." (Manual Bíblico Vida Nova, 2001, p. 165)

[58] Cabe sublinhar que "o nome ou é derivado do

Sarai, Sara), além do momento da aparição de três anjos, que anunciam a destruição de Sodoma e Gomorra [59], constituindo-se um relacionamento *pactual*, de caráter moral e ético[60], baseado em uma promessa[61] e que traz

---

Babilônio *Abam-ràmà*, ele ama o Pai, i.é, Deus, ou do *Aram*, que alonga o nome cananita *Âb-ram*, o Pai, i.é, Deus, é exaltado. A etimologia popular do Hebraico *'abrāhām* (Gn 17:4-5) faz o nome significar 'pai de uma multidão'". (Brown; Coenen, 2000, p. 4)

[59] "Tendo-se levantado dali aqueles homens, olharam para Sodoma; e Abraão ia com eles, para os encaminhar. Disse o SENHOR: ocultarei a Abraão o que estou para fazer, visto que Abraão certamente virá a ser uma grande e poderosa nação, e nele serão benditas todas as nações da terra? Porque eu o escolhi para que ordene a seus filhos e a sua casa depois dele, a fim de que guardem o caminho do SENHOR e pratiquem a justiça e o juízo; para que o SENHOR faça vir sobre Abraão o que tem falado a seu respeito. Disse mais o SENHOR: Com efeito, o clamor de Sodoma e Gomorra tem se multiplicado, e o seu pecado se tem agravado muito. Descerei e verei se, de fato, o que têm praticado corresponde a esse clamor que é vindo até mim; e, se assim não é, sabê-lo-ei." (Bíblia de Estudo de Genebra, Gn 18,17-21, 1999, p. 36)

[60] "As formulações do Seu concerto evidenciavam que Ele não estava preocupado com o rito de culto ou as celebrações orgíacas. Ao invés disso, Ele exigia um grau de obediência que permitisse que Abraão e seus descendentes andassem em Sua presença e vivessem

a circuncisão[62] como única prática cerimonial instituída por Deus como sinal do concerto[63], sobrepondo-se à condição de recurso

---

vidas inocentes do ponto de vista moral e espiritual (Gn 17.1)". (Vine; Unger; White Jr., p. 95, 2002)

[61] "Ora, disse o SENHOR a Abrão: Sai da tua terra, da tua parentela e da casa de teu pai e vai para a terra que te mostrarei; de ti farei uma grande nação, e te abençoarei, e te engrandecerei o nome. Sê tu uma bênção! Abençoarei os que te abençoarem e amaldiçoarei os que te amaldiçoarem; em ti serão benditas todas as famílias da terra." (Bíblia de Estudo de Genebra, Gn 12,1-3, p. 27, 1999)

[62] Dessa forma, cabe salientar, conforme a perspectiva de Calvino (cujas citações correspondem aos volumes, à divisão dos capítulos e itens da sua obra e não são feitas por páginas), que "temos na circuncisão uma promessa espiritual outorgada aos patriarcas, como se dá em nosso batismo, uma vez que ela significa a remissão dos pecados e a mortificação da carne. Além disso, como já ensinamos ser Cristo, em quem reside uma e outra destas duas coisas, o fundamento do batismo, assim se faz evidente que ele o é também da circuncisão. Pois ele próprio é prometido a Abraão e nele a bênção de todas as nações [Gn 12.2,3]. O sinal da circuncisão é adicionado para selar-se esta graça." (Calvino, 4, XVI, 3, 2006, p. 313)

[63] "O rito tinha um significado moral sendo aplicado metaforicamente aos lábios (Êx 6.12,30), também aos ouvidos (Jr 6.10) e ao coração (Dt 30.6; Jr. 4.4); cf. Jr. 9.25,26." (Vine; Unger; White Jr., p. 469, 2002)

ritualístico-litúrgico e tornando fundamental um comportamento capaz de corresponder as suas exigências através da instauração no corpo do estigma da aliança[64].

Se a prática de oferecer *sacrifício humano*[65] à Divindade consiste em um costume adotado na Mesopotâmia desde o 3º milênio através da forma característica do sacrifício a Moloc[66], ao

---

[64] "As tradições antigas guardaram sôbre o sentido original da circuncisão umas indicações bastante claras; desde cedo, porém, ela se tornou sinal da aliança (At 7.8), a marca daqueles que pertenciam a Javé (assim já em Êx 4.25), fazendo parte da comunidade de culto (Êx 12.48; Rom. 4.11; o sêlo da justificação obtida pela fé); lembrava por isso as obrigações da aliança (Dt 30.6; Jr 4.4; Ez 44.7; Rm 4.11; Gl 5.3), e distinguia os israelitas dos outros povos, especialmente dos filisteus (Jz 14.3; I Sm 14.6; 2 Sm 1.20, etc.)." (Dicionário, p. 274, 2014)

[65] Nesta perspectiva, convém salientar que "o sacrifício de crianças era não somente expiatório, mas também purificatório; por ele se supunha que as vítimas eram assim purificadas da imundícia do corpo." (Buckland, 1981, p. 294)

[66] Moloque, oriundo do hebraico *mōlekh*, que corresponde a *melekh*, que significa "rei", cuja imagem, oca, traz a forma de um bezerro com braços estendidos e encerrando um incinerador na parte vazia, na qual as crianças são

A transformação do sujeito em si mesmo e a fé como *relação absoluta com o Absoluto* em Kierkegaard   Luiz Carlos Mariano da Rosa

processo que culmina na ordem divina envolvendo o sacrifício de Isaque impõe-se o momento do estabelecimento da aliança de Deus com Abraão e na exigência da oferta de sacrifício de animais, convergindo para um ato[67] que implica o corte em dois pedaços dos

---

depositadas em sacrifício. "Sacrifícios humanos e provas de fogo eram alguns dos meios que se empregavam para tornar propícia aquela divindade. Os israelitas foram avisados contra este culto com ameaças de terríveis castigos. Aquele que oferecesse o seu filho a Moleque devia ser morto por apedrejamento (Lv 18.21; 20.2-5)." (Buckland, 1981, p. 294)

[67] Tal prática, comum nos tempos de Abraão, guarda correspondência com o verbo "kārat (rnç): 'cortar, derrubar (árvores), cair, cortar ou fazer (um concerto ou acordo)'" (Vine; Unger; White Jr., 2002, p. 127), consistindo em um termo extremamente técnico que significa, basicamente, "cortar" algo com uma lâmina, cujo sinônimo emerge no contexto que envolve o momento no qual Deus estabelece uma aliança com Abraão (Gn 15.10) em uma construção que mantém relação com o processo de fazer um concerto, ocorrência que prevalece desde o registro deste caso de Gênesis e no decorrer da Bíblia. Convém sublinhar que "cortar" implica também a circuncisão, como assinalado por Jeremias (Jr 34.18) e exemplificado pelo caso de Zípora, que tomou uma faca de pederneira e "cortou" o prepúcio do seu filho (Ex 4.25).

animais e encerra a exigência de que a parte que estava de acordo com o juramento passe entre os pedaços:

> Depois destes acontecimentos, veio a palavra do SENHOR a Abrão, numa visão, e disse: Não temas, Abrão, eu sou o teu e escudo, e teu galardão será sobremodo grande. Respondeu Abrão: SENHOR Deus, que me haverás de dar, se continuo sem filhos e o herdeiro da minha casa é o damasceno Eliézer? Disse mais Abrão: A mim não me concedeste descendência, e um servo nascido na minha casa será o meu herdeiro. A isto respondeu logo o SENHOR, dizendo: Não será esse o teu herdeiro; mas aquele que será gerado de ti será o teu herdeiro. Então, conduziu-o até fora e disse: Olha para os céus e conta as estrelas, se é que o podes. E lhe disse: Será assim a tua posteridade. Ele creu no SENHOR, e isso lhe foi imputado para justiça. Disse-lhe mais: Eu sou o SENHOR que te tirei de Ur dos caldeus, para dar-te por herança esta terra. Perguntou-lhe Abrão: SENHOR Deus, como saberei que hei de possuí-la? *Respondeu-lhe: Toma-me uma novilha, uma cabra e um cordeiro, cada qual de três anos, uma rola e um pombinho. Ele, tomando todos estes animais, partiu-os pelo meio e lhes pôs em ordem as metades, umas defronte das outras; e não partiu as aves.*[68]

---

[68] Bíblia de Estudo de Genebra, Gn 15.1-10, 1999, p. 31-32, grifos meus.

A transformação do sujeito em si mesmo e a fé como *relação absoluta com o Absoluto* em Kierkegaard   Luiz Carlos Mariano da Rosa

Assinalando a possibilidade da instauração de uma relação direta com Deus, a experiência de Abraão implica um movimento que se sobrepõe à participação do sacerdote como intermediador em um processo que encerra a necessidade de correspondência a princípios predeterminados pela Divindade e que envolvem, em suma, ofertas capazes de exteriorizar a gratidão ou representar um sacrifício que possa funcionar para restaurar o seu favor em função do sujeito ou da coletividade[69], convergindo para assinalar que à

---

[69] "O sacrifício humano era frequentemente praticado em uma tentativa de aplacar um deus que, segundo acreditavam, estava demonstrando sua ira através de uma provação particular ou de um perigo. Como era praticado tanto pelos cananeus (Sl 106.37,38) como pelos seus vizinhos imediatos, ele foi especificamente mencionado e proibido pela lei de Moisés (Lv 18.21; 20.2-5; Dt 18.10). Um terrível exemplo dessa prática foi dado em 2 Reis 3.27 quando, durante um cerco, Mesa, rei de Moabe, sacrificou seu filho mais velho – e aparentemente o herdeiro do trono – sobre os muros da cidade como um

verdade objetiva corporificada pela instância do ético ou *geral* impõe-se a verdade existencial, que guarda raízes nas fronteiras da subjetividade e emerge do paradoxo[70]. Dessa forma, tal construção, que implica a verdade existencial, em face da incapacidade do pensamento e da impotência da linguagem diante do *Transcendente*, tende à *incerteza objetiva*, o que demanda a imersão do *Eu* na sua dimensão em um acontecimento que acena

---

uma oferta queimada. Israel e seus aliados retiraram-se cheios de horror." (Pfeiffer; Vos; Rea, 2007, p. 1721)

[70] "Explicar o paradoxo significaria assim compreender mais profundamente o que é um paradoxo e que o paradoxo é o paradoxo. Deus é uma representação suprema que não se pode explicar por algo diferente, mas somente pelo fato de aprofundar-se a si mesmo nesta representação. Os mais altos princípios de todo pensamento não podem ser provados senão indiretamente. Suponhamos que o paradoxo seja assim o limite para a relação de um ser existente com uma verdade eterna essencial, então o paradoxo não poderá ademais ser explicado por algo diferente se a explicação deve ser válida para seres existentes." (Kierkegaard, 2001, p. 248)

com negação de si enquanto tal através da superação da finitude e da particularidade em nome da manifestação da universalidade interior como objetivação do Absoluto como Deus e "Ser-em-Si" pela individualidade. Nesta perspectiva, a experiência de Abraão atribui à fé a condição de fundamento da *relação com o Absoluto* na medida em que dispensa qualquer tipo de mediação simbólica e converge para situá-la nas fronteiras que envolvem o paradoxo, haja vista que emerge como um acontecimento que implica absoluta dependência de Deus e da sua palavra em um processo que encerra ideias ou noções aparentemente contraditórias, a saber, a promessa de descendência e o sacrifício do filho em holocausto[71], demandando uma capacidade

---

[71] Nesta perspectiva, importa registrar que tal era a determinação em obedecer a Deus, sacrificando o seu filho Isaque, que "Abraão parece ter levado consigo um

de obediência ⁷² que somente pode guardar raízes em uma total confiança no Ser Supremo⁷³.

Pela fé, Abraão, quando posto à prova, ofereceu Isaque; estava mesmo para sacrificar o seu unigênito aquele que acolheu alegremente as promessas, a quem se tinha dito: Em Isaque será

---

fogo aceso quando foi oferecer Isaque (Gn 22.6)." (Vangemeren, 2011, p. 519)

⁷² "Sem hesitar, Abraão leva o menino para um lugar de sacrifício e então prepara-se para sacrificá-lo (22.3-10). Deus interrompe-o, declarando que aquela ação prova que Abraão 'teme' a Deus, outra maneira de dizer que ele baseia sua vida em Deus. Aqui 'fé' e 'temor' equivalem à mesma coisa: obediência. Uma vez mais a fé expressa-se em ações baseadas apenas na confiança em Deus. Abraão confia em Deus mesmo quando o Senhor ordena-lhe o impensável, ou seja, o que parece a remoção irreparável da chave para as promessas de Gênesis 12.1-9." (House, 2005, p. 94)

⁷³ "Ele tem de crer que possuir um relacionamento com Deus é o mesmo que possuir o cumprimento das promessas do Senhor. Assim como Deus considera a fé de Abraão como justiça, de igual forma Abraão considera a promessa divina como justiça. Abraão acredita que o plano do Senhor para a história é real e, portanto, deve ocorrer. Uma fé menor possivelmente não o levaria a aceitar sinais exteriores, como a circuncisão, ou a aceitar ordens, como deixar sua terra natal ou, em particular, sacrificar seu filho." (House, 2005, p. 95)

chamada a tua descendência; porque considerou que Deus era poderoso até para ressuscitá-lo dentre os mortos, de onde também, figuradamente, o recobrou.[74]

Tornando-se irredutível à mediação simbólica a relação com o Absoluto implica uma experiência de fé em cuja manifestação e convergência o que emerge como *objeto da vontade* é o próprio "Ser-em-Si"[75] que, para além da *verdade objetiva* correspondente à ideia do *Transcendente* corporificado pelo *ético*, pela instância do *geral*, converge para o desafio do paradoxo, que envolve a impossibilidade de apreensão da existência em seu movimento de afirmação de si, que longe de pressupor a eliminação dos contrários na síntese que impõe a universalidade à particularidade na

---

[74] Bíblia de Estudo de Genebra, Hb 11.17-19, 1999, p. 1479.

[75] Tendo em vista que "o objeto da 'fé' de Abraão não era a promessa de Deus (esta era a ocasião do seu exercício); a sua 'fé' descansava no próprio Deus" (Vine; Unger; White Jr., 2002, p. 648).

construção da *realidade*, implica a radicalização de um processo que escapa à condição de um substituto do saber em face da ausência de certeza ou à esfera de uma decisão racional concernente ao porvir, consistindo na transição para o estado que encerra a *verdade em ato*[76]. Se a promessa do filho diante da impossibilidade de gestação de Sara em virtude da esterilidade e da faixa etária de ambos implica uma verdade ainda confinada às fronteiras da exterioridade e sujeita à dialética incerteza/certeza e incredulidade/credulidade, a fé se impõe como a condição que vivencia o

---

[76] Realizada na vida concreta de Abraão, tal verdade implica a vontade do "Ser-em-Si" em relação à singularidade do homem em sua individualidade em um processo que se sobrepõe à moralidade objetiva que, encerrando a vida ética, os costumes e os valores de uma comunidade, como também à moralidade subjetiva e à ideia de bem moral, converge para uma relação que circunscreve a possibilidade de emergência da verdade ao âmbito da exterioridade.

paradoxo da relação com Deus através da instauração de uma experiência que converge para a superação do *universal* e implica a *suspensão teleológica do ético* e do *geral* em um movimento que torna a verdade o objeto da vontade na medida em que tal processo baseia-se na impossibilidade de sua apreensão racional enquanto *verdade em ato*, demandando a sua apropriação na *incerteza objetiva* da *paixão da interioridade*, conforme defende Climacus/Kierkegaard no Pós-escrito às Migalhas Filosóficas:

> Sem risco não há fé. Fé é justamente a contradição entre paixão infinita da interioridade e a incerteza objetiva. Se eu posso apreender objetivamente Deus, então eu não creio; mas, justamente porque eu não posso fazê-lo, por isso tenho de crer; e se quero manter-me na fé, tenho de constantemente cuidar de preservar na incerteza objetiva, de modo que, na incerteza objetiva, eu estou sobre "70.000 braças de água", e, contudo creio.[77]

---

[77] Kierkegaard, 2013, p. 215.

A transformação do sujeito em si mesmo e a fé como *relação absoluta com o Absoluto* em Kierkegaard   Luiz Carlos Mariano da Rosa

Se se sobrepõe à *verdade objetiva* como um conteúdo que se dispõe à reflexão e converge para a noção institucionalizada na instância do *geral*, Deus não se circunscreve ao âmbito de uma ideia ou conceito passível de absoluta apreensão, constituindo-se como "Ser-em-Si" a *verdade em ato*, cuja existência impõe-se à subjetividade na interioridade através da relação absoluta fundada na fé como um *salto* que possibilita a transição do ético ao religioso e a transposição do finito ao infinito em um movimento que tende à construção da singularidade.

Se a verdade objetiva encerra um caráter necessário na relação envolvendo o Absoluto, a experiência de Abraão assinala a sua insuficiência na medida em que atribui à fé a condição de fundamento da existência autêntica, haja vista que a autonomia, que a pressupõe, escapa às fronteiras que encerram um critério formal e vazio da intenção em consonância com a lei moral em uma construção que envolve conteúdos que emergem de éticas correspondentes à vida histórico-cultural, econômico-social e política, convergindo para um processo que se sobrepõe ao sentido de uma força que se impõe à exterioridade através de um constrangimento que implica em "dever" e consiste em uma vivência que tende à superação das paixões e das limitações da individualidade empírica[78], tendo em vista que, conforme assinala

---

[78] Conforme a perspectiva delineada pelo conteúdo evocado pelo escritor da Epístola aos Hebreus (Bíblia de Estudo de Genebra, Hb 10.15,16, 1999, p. 1476), cuja mensagem coube ao profeta Jeremias anunciar: "Porque esta é a aliança que firmarei com a casa de Israel, depois daqueles dias, diz o SENHOR: Na mente, lhes imprimirei as minhas leis, também no coração lhas inscreverei; eu serei o seu Deus, e eles serão o meu povo. Não ensinará jamais cada um ao seu próximo, nem cada um ao seu irmão, dizendo: Conhece ao SENHOR, porque todos me conhecerão, desde o menor até ao maior deles, diz o SENHOR." (Bíblia de Estudo de Genebra, Jr 31.33,34, 1999, p. 895)

Silentio/Kierkegaard em *Temor e Tremor*, *"aquele que se renega a si próprio e se sacrifica ao dever renuncia ao finito para alcançar o infinito"*[79].

Nesta perspectiva, Abraão instaura uma experiência que assinala a *iniciativa* [80] do Absoluto no processo de comunicação envolvendo o homem como ser finito em uma construção que mostra que a definição da oferta do sacrifício deve partir do próprio Deus a fim de que cumpra as condições necessárias para o estabelecimento da relação que, de outra forma, torna-se inviável, haja vista o caráter

---

[79] Kierkegaard, 1979, p. 144-145, grifos meus.

[80] Tendo em vista que "este Deus único relaciona-se pessoalmente com indivíduos, comunicando ordens, fazendo promessas e dando orientação contínua. Com tantos anos passados após as revelações é impossível saber exatamente como elas aconteceram, mas é importante assinalar que esses encontros ocorrem por iniciativa divina e expressam dados reais e concretos sobre o passado, presente e futuro de Abraão." (House, 2005, p. 94)

supremo do Ser-em-Si e a impossibilidade de que a criatura satisfaça as exigências correspondentes a sua perfeição e santidade em uma construção na qual o pecado [81] emerge simbolicamente como alienação do homem em sua individualidade em função de uma realidade exterior relativa que, em face de tal condição, converge para um processo que

---

[81] Tendo em vista que a palavra *pecado* "expressa aquilo que está implícito na palavra 'alienação', a saber, o ato pessoal de se afastar daquilo a que pertencemos. Pecado expressa com mais agudeza o caráter pessoal de alienação por sobre seu aspecto trágico. Ele expressa liberdade pessoal e culpa em contraste com a culpa trágica e com o destino universal de alienação. A palavra 'pecado' pode e deve ser restaurada, não só porque a literatura clássica e a liturgia continuamente a empregam, mas mais particularmente porque a palavra tem uma agudeza que aponta marcadamente para o elemento de responsabilidade pessoal na própria alienação. A condição humana é de alienação, mas essa alienação é pecado. Não é um estado e coisas, como leis da natureza, mas uma questão tanto de liberdade pessoal como de destino universal. Por esse motivo o termo 'pecado' deve ser usado depois de reinterpretado religiosamente. Um instrumental importante para essa reinterpretação é o termo alienação." (Tillich, 1987, p. 279)

A transformação do sujeito em si mesmo e a fé como *relação absoluta com o Absoluto* em Kierkegaard — Luiz Carlos Mariano da Rosa

absolutiza a *finitude* e circunscreve as suas fronteiras a concepção do Ser Supremo em um movimento que estabelece a sua identidade com o *ético* e o *geral*, mantendo-o sob a égide da imanência. A construção de uma noção do *Transcendente* como *presença* em uma relação que se sobrepõe à mediação simbólica e torna a interioridade a dimensão da objetivação do Absoluto, eis o que se impõe à experiência de fé de Abraão em um processo que encerra a verdade às fronteiras da subjetividade no sentido que implica a constituição de si na medida em que consiste em um acontecimento que converge para a reconciliação envolvendo o *universal* e o *particular* na singularidade, tornando a vontade livre em si e para si em um processo que acena com a condição fundamental do *homo religiosus* em seu *novo modo de existência*.

Nesta perspectiva, a experiência de Abraão assinala a fé enquanto *paixão da interioridade* como única possibilidade de instauração de relação com o Absoluto e *Transcendente* através de um processo que envolve a transformação do próprio *existente singular*, pressupondo a transição do *ético* ou *geral* para o religioso a *morte simbólica* para um *modo de existir* em um movimento que implica o nascimento de um *novo ser*, acenando com a condição existencial do *homo religiosus* após a manifestação do Deus-Homem[82].

---

[82] Conforme o exposto no debate com Nicodemus em uma construção que ao *saber objetivo* Jesus Cristo sobrepõe a *verdade existencial*: "Havia, entre os fariseus, um homem chamado Nicodemos, um dos principais dos judeus. Este, de noite, foi ter com Jesus e lhe disse: Rabi, sabemos que és Mestre vindo da parte de Deus; porque ninguém pode fazer estes sinais que tu fazes, se Deus não estiver com ele. A isto, respondeu Jesus: Em verdade, em verdade te digo que, se alguém não nascer de novo, não pode ver o reino de Deus." (Bíblia de Estudo de Genebra, Jo 3.1-3, 1999, p. 1232-1233)

A transformação do sujeito em si mesmo e a fé como *relação absoluta com o Absoluto* em Kierkegaard   Luiz Carlos Mariano da Rosa

A transformação do sujeito em si mesmo e a fé como *relação absoluta com o Absoluto* em Kierkegaard   Luiz Carlos Mariano da Rosa

III PARTE

ABRAÃO E A *RELAÇÃO ABSOLUTA COM O ABSOLUTO*: DO *DEVER ABSOLUTO* COMO CONDIÇÃO FUNDAMENTAL NA *SUSPENSÃO TELEOLÓGICA DA MORAL*[83] AO AMOR INCONDICIONAL A DEUS

---

[83] Longe de se circunscrever a uma manifestação arbitrária capaz de promover a destruição ou aniquilação do mundo ético-lógico, a suspensão da instância do *geral* encerra um movimento que implica um *telos* superior de existência que tende ao *Transcendente* através da *relação absoluta com o Absoluto*, convergindo para a instauração de *sentido* do Eterno no temporal através de um processo que envolve não a perda do *finito* mas a sua superação enquanto *realidade,* constituindo-se o *infinito* a possibilidade de transformação do imanente como pressuposto da *espiritualidade individual*: "Le sacrifice d'Isaac n'est pas un simulacre même si à l'instant crucial un bélier est substitué à l'enfant en guise de victime. Qu'Isaac soit rendu à Abraham n'efface pas le geste de ce dernier il n'y a pas négation du geste sacrificiel mais restauration, réintégration. C'est pourquoi Kierkegaard parle de *suspension téléologique* de l'Éthique, non de *suppression* de l'Éthique (beaucoup de lecteurs ne perçoivent que confusément cette distinction pourtant fondamentale suspendre *provisoirement* n'est pas supprimer *définitivement*)." (Politis, 2002, p. 56, grifos do autor)

COMO FUNDAMENTO DA FÉ SALVÍFICA

> Peca o Indivíduo que reivindica a sua individualidade frente ao geral, e não pode reconciliar-se com ele senão reconhecendo-o. De cada vez que o Indivíduo, depois de ter entrado no geral, se sente inclinado a reivindicar a sua individualidade, entra numa crise da qual só poderá libertar-se pela via do arrependimento e abandonando-se, como Indivíduo, no geral. Se tal é o fim supremo destinado ao homem e à sua vida, a moralidade participa então da mesma natureza da eterna felicidade do homem, a qual constitui em cada momento, e para toda a eternidade, o seu *telos* porque haveria contradição em afirmar-se que ela pode ser abandonada (quer dizer, teleologicamente suspensa), visto que, desde o momento em que se suspendeu, está perdida, enquanto que estar suspenso não significa perder-se, mas conservar-se na esfera superior que é o seu *telos*.[84]

À impossibilidade da *suspensão teleológica da moral* que, circunscrevendo-se à instância do geral, demanda do homem em sua individualidade concreta uma conduta que se lhe corresponda em um movimento baseado na

---

[84] Kierkegaard, 1979, p. 141.

racionalidade que o caracteriza, impõe-se o paradoxo que emerge da relação com o Absoluto, que se sobrepõe à referida instância e torna o *dever absoluto*, conforme defende Silentio/Kierkegaard que, nesta perspectiva, opõe o sacrifício de Abraão, o "herói da fé", ao sacrifício de Agamêmnon, o "herói trágico", que imola a sua filha Ifigênia no interesse da cidade e para o bem da coletividade em um comportamento cuja manifestação guarda raízes na instância do geral[85], sublinhando que

---

[85] "De acordo com os *Cantos Cíprios*, poemas que narram fatos anteriores à *Ilíada*, os Aqueus, ignorando as vias de acesso para Tróia, abordaram em Mísia, na Ásia Menor e, depois de diversos combates esparsos, foram dispersados por uma tempestade, regressando cada um a seu reino. Oito anos mais tarde, reuniram-se novamente em Áulis. O mar, todavia, permaneceu inacessível aos navegantes por causa de uma grande calmaria. Consultado mais uma vez, Calcas explicou que o fato se devia à cólera de Ártemis, porque Agamêmnon, matando uma corça, afirmara que nem a deusa o faria melhor que ele. A cólera de Ártemis poderia se dever também a Atreu, que, como se viu, não lhe sacrificara o carneiro de velo de ouro ou ainda porque o rei de Micenas prometera

se no caso do "herói trágico" o objeto do dever é o seu único desejo em uma relação que implica a renúncia ao desejo em função do dever, no exemplo do "herói da fé" há uma identificação entre desejo e dever em um processo que demanda a renúncia a ambos, transcendendo a sua atitude o arcabouço da moral que, com os seus códigos, normas e regras, é relegado à condição de uma instância relativa.

> O verdadeiro herói trágico sacrifica-se ao geral com tudo o que lhe é próprio: os seus atos, todos os seus impulsos pertencem ao geral; está manifesto e nessa manifestação é o filho bem-amado de ética. A sua situação não se aplica a Abraão, que nada fez pelo geral e permanece no secreto. Estamos então em presença do paradoxo. *Ou o Indivíduo pode, como tal, estar em relação absoluta com o absoluto, e nesse caso a moralidade não é o supremo estádio, ou então Abraão está perdido; não é um herói nem trágico nem estético.* Nestas condições pode parecer que nada é mais fácil do que o paradoxo. Torna-se sacrificar-lhe o produto mais belo do ano, que, por fatalidade, havia sido sua filha Ifigênia. Agamêmnon, após alguma relutância, terminou por consentir no sacrifício de Ifigênia, ou por ambição pessoal, ou por visar ao bem comum." (Brandão, 1986, p. 86-87)

me então necessário repetir que, se cremos nisso firmemente, não se é cavaleiro da fé, porque a única legitimação concebível é a tribulação e a angústia, ainda que não se lhe possa dar uma acepção geral, porque então suprime-se o paradoxo.[86]

Contrapondo-se à concepção racionalista imanente da fé, Silentio/Kierkegaard assinala que a experiência de Abraão se caracteriza como uma *relação absoluta com o Absoluto*, convergindo para uma forma de existência que se sobrepõe à instância do *geral* como uma esfera que encerra o ético e o religioso em um movimento que produz a superação da particularidade como uma dimensão da interioridade, o que implica um processo que atribui à verdade a condição de verdade existencial, um acontecimento que, por esse motivo, escapa à exterioridade e guarda raízes nas fronteiras da subjetividade.

---

[86] Kierkegaard, 1979, p. 178-179, grifos meus.

A transformação do sujeito em si mesmo e a fé como *relação absoluta com o Absoluto* em Kierkegaard   Luiz Carlos Mariano da Rosa

> Acreditou no absurdo, por que tal não faz parte do humano cálculo. O absurdo consiste em que Deus, pedindo-lhe o sacrifício, devia revogar a sua exigência no instante seguinte. Trepou a montanha e no momento em que a faca faiscava, acreditou que Deus não lhe exigiria Isaac. Então, seguramente, surpreendeu-o o desenlace, mas já então também havia por um duplo movimento recobrado o seu primitivo estado, e foi por isso que recebeu Isaac com a mesma alegria que sentira pela primeira vez.[87]

Longe de consistir em um arcabouço de ideias e conceitos, valores, práticas e condutas que, totalizando o conteúdo da verdade objetiva, demanda um assentimento de juízo baseado em uma relação de caráter estático, a fé, segundo Silentio/Kierkegaard, perfaz um movimento cuja realização guarda correspondência com o paradoxal na medida em que converge para as fronteiras que encerram a paixão infinita da interioridade e a incerteza objetiva em um processo que implica

---

[87] Kierkegaard, 1979, p. 270.

uma disposição no sentido de alcançar o além do *finito* através de uma dinâmica que não envolve, contudo, a sua perda, mas antes carrega a possibilidade da sua constante conquista, tendo em vista que "depois de ter efetuado os movimentos do infinito, cumpre o finito"[88].

Se a esfera ética atribui a Abraão a condição de assassino em um processo que assinala um confronto entre a particularidade e o *geral*, a sua disposição de corresponder à relação com o *Transcendente* converge para um movimento que implica, em última instância, o sacrifício de si mesmo na medida em que, consistindo a vida de Isaque no resultado da intervenção de Deus no cumprimento de sua promessa de paternidade ao patriarca, a exigência de tal atitude escapa à inteligibilidade

---

[88] Kierkegaard, 1979, p. 130.

A transformação do sujeito em si mesmo e a fé como *relação absoluta com o Absoluto* em Kierkegaard   Luiz Carlos Mariano da Rosa

e à compreensão, permanecendo sob a égide do *absurdo*, em cujas fronteiras o seu ato torna-se capaz de acarretar a superação de si próprio através da fé como uma experiência que resulta na constituição de um *novo ser* em uma construção simbólica que acena com o *novo nascimento* como o acontecimento de conversão do homem em sua individualidade a Deus.

Caracterizando a ética no sentido que envolve o *universal*, Silentio/Kierkegaard impõe à análise do sacrifício de Abraão a concepção kantiana e hegeliana, cuja construção estabelece a norma moral na racionalidade humana em um processo que assinala que a exigência de agir para o sujeito guarda correspondência com os princípios que os outros seres racionais podem adotar em sua conduta, convergindo para um imperativo que torna o reconhecimento da existência de outros homens o fundamento do comportamento do indivíduo em um processo que, em virtude do seu formalismo, não guarda capacidade de proporcionar orientação em situações específicas, haja vista que a satisfação das exigências da razão impõe-se através de autônoma legislação de si, ou seja, da sua moralidade individual[89].

> Uma vez que o espírito que pensa não se limita a possuí-la [a verdade] nessas formas [nas leis, na moral pública e na religião], imediatas, só pode ter para com ela a atitude de a conceber e de encontrar uma forma racional para um conteúdo que já o é em si. Em consequência, este conteúdo ficará justificado para o pensamento livre que, em vez de se encerrar no que é dado - esteja este dado

---

[89] Nesta perspectiva, convém destacar a crítica de Hegel, que desenvolve o conceito de *moralidade social* como uma moralidade baseada nas leis e costumes de uma comunidade concreta que, dessa forma, converge para a superação da moralidade individual de Kant. "Mas o homem pensa e é no pensamento que procura a sua liberdade e o princípio da sua moralidade. Este direito, por mais nobre e divino que seja, logo se transforma em injustiça se o pensamento só a si mesmo reconhece e apenas se sente livre quando se afasta dos valores universalmente reconhecidos, imaginando descobrir algo que lhe seja próprio." (Hegel, 1997, XXVII)

apoiado na autoridade positiva do Estado ou no acordo entre os homens ou na autoridade do íntimo sentimento e do testemunho imediato da aprovação do espírito –, só a si mesmo toma como princípio e por isso tem de estar intimamente unido à verdade.[90]

Ao *conteúdo objetivo* que se impõe às formas institucionalizadas cabe a instauração de uma relação que, longe de se circunscrever às fronteiras da racionalidade imanente, encerra a necessidade de se sobrepor ao referido elemento como *algo dado* em um processo que, convergindo para a *verdade* como princípio da subjetividade, e da subjetividade como princípio da *verdade*, consiste, em suma, no exercício da apropriação.

Se a *verdade* publicamente reconhecida através de um conteúdo universalmente válido possibilita o desenvolvimento da conduta e a conformação da vida ao direito substancial e às

---

[90] Hegel, 1997, XXVI.

regras da moralidade objetiva do Estado em um movimento que supõe a superação da individualidade do ser, segundo Hegel, ao conflito entre a *universidade* e a *subjetividade*, que caracteriza o indivíduo submetido à mediação da ética para a sua própria constituição como tal, assim como para o estabelecimento de relações envolvendo os homens entre si e o divino, impõe-se o desafio da constituição de uma existência autêntica, que implica a superação de uma instância cujos preceitos e princípios têm a sua finalidade em si em uma construção que atribui ao *universal* o sentido do divino e, por essa razão, define a concepção de dever em sua relação com o *universal,* sobrepondo-se à noção de *dever absoluto* concernente a Deus e ao silêncio como objeto de censura.

Nesta perspectiva, diante do *universal* como uma instância que encerra o direito, a

A transformação do sujeito em si mesmo e a fé como *relação absoluta com o Absoluto* em Kierkegaard   Luiz Carlos Mariano da Rosa

moralidade e a realidade jurídica como produtos da racionalidade de uma específica correlação espaço-temporal que reduz a sentimentalidade e a convicção subjetiva às fronteiras do arbitrário e que interpreta a liberdade como uma tarefa que implica a necessidade de que o singular seja capaz de destituir-se da determinação da interioridade em um movimento que converge para a sua expressão na exterioridade, Abraão recusa os princípios universais e instaura uma *relação absoluta com o Absoluto*, Deus[91], assumindo

---

[91] Nesta perspectiva, cabe recorrer à crítica de Kant em relação à contradição entre milagre e moralidade em uma análise que supõe milagres *teísticos* ou milagres *daimónicos* (dividindo-se estes em *angélicos*, a saber, agatodaimónicos, e *diabólicos*, quais sejam, cacodaimónicos), e que converge, em suma, para a impossibilidade de sua atribuição a Deus: "No tocante aos milagres *teísticos*, podemos decerto fazer para nós um conceito das leis de acção da sua causa (como um ser todo poderoso, etc., e ao mesmo tempo moral), mas só um conceito *universal*, na medida em que o pensamos como criador e governador do mundo tanto segundo a

um *dever absoluto* em detrimento das

---

ordem da natureza como segundo a ordem moral, porque destas suas leis podemos obter conhecimento imediatamente e por si, conhecimento de que, em seguida, a razão se pode servir para uso seu. Mas se supusermos que Deus permite, de vez em quando e em casos especiais, que a natureza se aparte das suas leis, então não temos o menor conceito, e jamais podemos esperar obter algum, da lei segundo a qual Deus procede na realização de semelhante acontecimento (afora a lei *moral geral* de acordo com a qual tudo o que Ele faz será bom; mas assim nada se determina em relação a este incidente particular). A razão fica aqui como que paralisada, porquanto é detida na sua ocupação segundo leis conhecidas, mas sem ser instruída mediante uma lei nova, e também jamais no mundo pode esperar vir a tal respeito ser ilustrada. Mas os milagres daimónicos são os mais incompatíveis com o uso da nossa razão. Com efeito, quanto aos *teísticos*, ela poderia ao menos ter um critério negativo para o seu uso, a saber, que se algo se conceber como ordenado por Deus numa manifestação imediata sua e que, no entanto, se opõe directamente à moralidade, não pode então – pese a toda a aparência de um milagre divino - ser tal (por exemplo, se a um pai se ordenasse matar o seu filho que, pelo que ele sabe, é inteiramente inocente); mas num milagre que se toma como daimónico falta este critério positivo oposto para o uso da razão, a saber, que quando assim ocorre uma incitação a uma acção boa, que em si já reconhecemos como dever, ela não aconteceria em virtude de um espírito mau - então poderia alguém enganar-se, pois, o espírito mau dissimula-se muitas vezes, como se diz, em anjo da luz." (Kant, 1992, p. 92-93, grifos do autor)

exigências éticas, subestimadas também em face da sua rejeição no sentido de manifestar o *ético* em um processo que, segundo Silentio/Kierkegaard, contempla o oculto (silêncio) e acena com a superação de uma noção de Deus circunscrita a um "ponto invisível e evanescente, um pensamento impotente, cujo poder se encontra somente no que é ético, que completa a existência"[92].

Sobrepondo-se à mediação do *universal*, Abraão estabelece uma *relação absoluta com o Absoluto* em um processo caracterizado como *direto* e que converge para uma *suspensão teológica da moral* cujo movimento, circunscrito às fronteiras do particular, assinala a sua condição de superioridade em face do universal através da contradição que impõe à instância do *geral* e às exigências que o

---

[92] Kierkegaard, 2009, p. 2.

perfazem o *dever absoluto* diante de Deus em uma construção que encerra silêncio e solidão e mostra que a existência autêntica implica a experiência do paradoxo envolvendo a paixão infinita da interioridade e a incerteza objetiva, haja vista constituir-se a única possibilidade de vivência e superação da angústia fundamental do indivíduo.

Contrapondo às obrigações éticas e racionais o *dever absoluto* diante de Deus através de uma obediência incondicional total a sua vontade, a *relação absoluta com o Absoluto* implica um *salto qualitativo* que longe de caracterizar-se como a possibilidade de instauração de uma ética independente, autônoma, produto de uma construção arbitrária que pressupõe autossuficiência e acena com as fronteiras do niilismo, a fé de Abraão não é uma síntese que elimina a angústia e encerra a conciliação da oposição,

A transformação do sujeito em si mesmo e a fé como *relação absoluta com o Absoluto* em Kierkegaard   Luiz Carlos Mariano da Rosa

mas consiste no paradoxo absoluto que envolve uma tensão inaplacável entre existência e transcendência em um movimento que abrange simultaneamente a eternidade e o devir, haja vista que, segundo Silentio/Kierkegaard, "este é o paradoxo por via do qual Abarão permanece no cume, paradoxo que ele não pode tornar inteligível a mais ninguém, pois que reside no fato de Abraão, na sua qualidade de singular, estar em relação absoluta com o absoluto"[93].

Guardando sujeição paciente concernente ao *dever absoluto* de sacrificar em holocausto o seu filho, Abraão demonstra um amor por Deus que não se esgota através da mediação litúrgico-ritualística imposta pelo mundo ético-lógico nem sequer institui uma prática que prescinde de tal recurso em função de um ato que carrega a pretensão de alcançar um alvo ou

---

[93] Kierkegaard, 1979, p. 121.

A transformação do sujeito em si mesmo e a fé como *relação absoluta com o Absoluto* em Kierkegaard   Luiz Carlos Mariano da Rosa

destino finito ou infinito em um movimento que o encerra como uma *verdade objetiva*, mas converge para um processo que implica uma disposição de atingir o Absoluto pela sua natureza em si em uma relação que requer uma fé que se sobreponha ao mecanicismo funcional de uma capacidade de crer baseada em um sistema lógico-racional, tendo em vista a resignação infinita que caracteriza a experiência existencial do patriarca, segundo a leitura de Silentio/Kierkegaard, que esclarece: "porque amar a Deus sem fé é refletir-se sobre si mesmo, mas amar a Deus com fé é refletir-se no próprio Deus"[94].

> Chegaram ao lugar que Deus lhe havia designado; ali edificou Abraão um altar, sobre ele dispôs a lenha, amarrou Isaque, seu filho, e o deitou no altar, em cima da lenha; e, estendendo a mão, tomou o cutelo para imolar o filho. Mas do céu lhe bradou o Anjo do SENHOR: Abraão! Abraão! Ele

---

[94] Kierkegaard, 1979, p. 129.

respondeu: Eis-me aqui! Então, lhe disse: Não estendas a mão sobre o rapaz e nada lhe faças; pois agora sei que temes a Deus, porquanto não me negaste o filho, o teu único filho. Tendo Abraão erguido os olhos, viu atrás de si um carneiro preso pelos chifres entre os arbustos; tomou Abraão o carneiro e o ofereceu em holocausto, em lugar de seu filho. E pôs Abraão por nome àquele lugar – O SENHOR Proverá. Daí dizer-se até ao dia de hoje: No monte do SENHOR se proverá.[95]

Nesta perspectiva, a fé prototípica de Abraão converge para a construção de um acontecimento que guarda capacidade de funcionar como a matriz simbólica do drama da redenção da humanidade na medida em que se o patriarca hebreu protagoniza o papel que ao Pai Celestial caberá no ato de oferecimento do Seu próprio Filho em sacrifício, Isaque demonstra disposição de obedecer até a morte, tal como Jesus Cristo que, embora na condição de Deus-Homem, submete-se até o fim ao

---

[95] Bíblia de Estudo de Genebra, Gn 22.9-14, 1999, p. 40-41.

propósito de Deus-Pai, que demanda a sua crucificação para a remissão dos pecados e para a salvação de todo aquele que crê. Dessa forma, configurando a aparição do carneiro um gesto salvífico de Deus no sentido de prover o sacrifício substitutivo de um cordeiro inocente em função do resgate do gênero humano, o processo que envolve o ato de Abraão prenuncia a morte e a ressurreição do Filho de Deus como eventos que expressam loucura e sabedoria de Deus na medida em que culmina na restauração da vida de Isaque em um movimento que encerra a sua "devolução" no clímax do ritual do sacrifício no Monte Moriá[96]

---

[96] "Pela fé, Abraão, quando posto à prova, ofereceu Isaque; estava mesmo para sacrificar o seu unigênito aquele que acolheu alegremente as promessas, a quem se tinha dito: Em Isaque será chamada a tua descendência; porque considerou que Deus era poderoso até para ressuscitá-lo dentre os mortos, de onde também, figuradamente, o recobrou." (Bíblia de Estudo de Genebra, Hb 11.17-19, 1999, p. 1479)

e acena com o Gólgota e a Ascensão de Cristo e a sua entronização junto ao Pai Celestial até o cumprimento da promessa de Deus ao patriarca hebreu, que implica o princípio da fé[97] e demanda o seu exercício em relação ao Filho de Deus como Salvador através de um movimento que encerra a obediência irrestrita à Deus-Pai e ao plano de redenção da humanidade[98].

---

[97] "Abraão foi o antecessor do Messias (Mt 1.1) e pai dos israelitas segundo a carne (Mt 3.9; Jo 8.33; At 13.26). Mas ele se tornou o pai espiritual de todos aqueles que compartilham a sua fé pelo Espírito Santo (Rm 4.11-16; 9.7; Gl 3.16,29; 4.22,31). A fé de Abraão levou ao seu perdão, e tipifica o modelo de fé que devemos exercitar (Rm 4.3-11). As demonstrações de sua fé, ao obedecer à ordem de Deus para abandonar a Mesopotâmia, assim como o oferecimento de seu filho, Isaque, são mencionados como exemplos notáveis de sua fé em ação (Hb 11.8-19; Tg 2.21)." (Pfeiffer; Vos; Rea, 2007, p. 13)

[98] "Paulo conclui que Jesus é o cumprimento da promessa de bênção internacional, pois ele é a descendência abraâmica que media salvação para todos (Gl 3.16). Nas palavras de Edward John Carnell: 'Abraão é uma bênção para todas as nações porque Jesus Cristo é o verdadeiro descendente de Abraão. Há uma aliança a unir as duas economias da Bíblia'. Ademais, Paulo alega

ASPECTOS CONCLUSIVOS

Uma tarefa para a vida, eis o que se impõe ao trabalho de Kierkegaard que, guardando correspondência com o pensamento de Sócrates, converge para a afirmação da subjetividade em face da objetividade através da *ironia* em um processo que se sobrepõe à sua expressão romântica e torna a questão da existência individual o centro da sua reflexão, o que implica a consideração sobre o seu caráter trágico e a tematização da angústia como a vertigem da possibilidade da liberdade em um movimento que encerra o desespero como uma experiência fundamental que demanda o desafio do paradoxo absoluto representado pela

---

que na vida de Abraão a fé produziu justiça que levou o patriarca a aceitar a circuncisão, o que significa que a salvação ocorre sem obras de justiça (Rm 4.1-15). Portanto, a única maneira de as promessas de Deus tornarem-se realidade é o exercício da fé, não a prática de obras (Rm 4.16-25)." (House, 2005, p. 95-96)

fé, que "é uma promessa de liberdade ilimitada e de possibilidades infinitas que um saber racional não pode propiciar"[99].

Nesta perspectiva, baseado na *negatividade absoluta* que emerge da *ironia* socrática, Kierkegaard opõe-se à conciliação da dialética especulativa e a supressão da experiência individual e da subjetividade em um processo que tende a atribuir caráter extremo ao paradoxo[100] e a manter sob a égide da inexequibilidade a conciliação dos opostos como um movimento próprio de uma existência autêntica, encerrando uma concepção que se sobrepõe ao saber como *bem absoluto* e

---

[99] Farago, 2005, p. 204.

[100] Dessa forma, torna-se relevante esclarecer que o recurso ao termo em questão assinala que se "os problemas podem ser resolvidos mediante 'sínteses' à feição hegeliana; *os paradoxos só podem ser enfrentados por meio da escolha irremediável de 'um ou outro'.*" (Mora, 2004a, p. 1644, grifos meus)

prescinde de uma elaboração positiva da verdade, procurando um *ponto de convergência* para a vida em uma construção que atrela a *verdade* à *subjetividade,* à medida que circunscreve a sua constituição como tal às fronteiras da interioridade através do fenômeno da *apropriação,* que traz como fundamento a paixão e recusa-se a exprimir-se em termos de uma estrutura capaz de transmitir segurança plena e total, e que, longe de subestimar o pensamento, a linguagem e a racionalidade, convergindo para o relativismo, consiste, em última instância, na *incerteza objetiva.*

> Todas as formas de especulação supostamente "imparciais", não obstante o seu aparente rigor e seu pretenso heroísmo sublime, bem longe de serem tudo isso, não são mais do que uma espécie de desumana curiosidade. Ousarmos ser nós próprios, ousarmos ser indivíduos, não um qualquer, mas este que somos, só em face de Deus, isolado na imensidade do esforço e da

responsabilidade, é este o desafio do existencialismo kirkegaardiano.[101]

Contrapondo-se ao devir lógico-metafísico que emerge da perspectiva de Hegel e converge para uma transição que escapa à ruptura em um movimento que implica a mediação que encerra a possibilidade de conciliação da oposição, Kierkegaard defende o caráter essencial do *salto qualitativo* em um processo que envolve os *estádios no caminho da vida* e as suas mudanças, constituindo-se um fenômeno fundamental em relação à transposição das fronteiras do ético para o religioso concernente à existência individual[102].

---

[101] Gilles, 1971, p. 11.

[102] Cabe sublinhar a correspondência que guarda a noção de *situação* com a *filosofia da existência* em um processo que assinala que "tal conceito foi elaborado por diversas tendências filosóficas, mas especialmente por aquelas que, desde a reação anti-hegeliana, tentaram considerar o real como algo diferente de uma 'objetividade' que não se decide a incluir o sujeito mesmo como elemento seu ou como âmbito dentro do qual se dá

"Se o homem não tivesse consciência da possibilidade, se não tivesse espírito e inteligência, ele não conheceria a angústia, de onde se conclui que a angústia está ligada à espiritualidade do homem. Em consequência disso, é então impossível libertar-se da angústia quanto de si mesmo"[103]. Dessa forma, ao caráter trágico da existência impõe-se uma angústia fundamental que, sobrepondo-se ao medo e a qualquer tipo de fenômeno que permaneça atrelado a algo propriamente objetivo, guarda correspondência com a vertigem da possibilidade da liberdade,

– sem prejuízo de sua 'verdade' - a realidade objetiva". Dessa forma, alcança relevância o pensamento de Kierkegaard na elaboração de uma filosofia "situacionista", que encerra a emergência do homem como um "ser em situação": "Essa situação pode ser autêntica – como ocorre no 'estádio religioso' ou' decisionista' - ou inautêntica – como ocorre no 'estádio estético' ou 'contemplativo'." (Mora, 2004b, p. 2710)

[103] Le Blanc, 2003, p. 83.

A transformação do sujeito em si mesmo e a fé como *relação absoluta com o Absoluto* em Kierkegaard   Luiz Carlos Mariano da Rosa

convergindo para a culpabilidade e pressupondo o erro original, o que implica a necessidade de que o homem em sua individualidade concreta vivencie diferentes possibilidades existenciais em um movimento que encerra a experiência de um processo de fuga que, em suma, tem como fundamento o próprio ser que através da atitude *estética* e da conduta *ética* ou *moral* pretende alcançar o sentido ou o Absoluto que apenas no *estádio* religioso há possibilidade de encontrar.

Nesta perspectiva, se a atitude *estética* implica a fruição da subjetividade consigo própria no instante do prazer sensual, a conduta *ética* ou *moral* encerra a sua harmonização com a generalidade do bem e do mal em um processo que envolve a escolha do bem e a integração à comunidade através de um movimento baseado na *repetição*, que emerge como a realidade e a seriedade da vida e determina o destino segundo a "boa consciência", convergindo para as fronteiras que tornam ambas as situações comportamentais incapazes de promover o encontro do sentido ou do Absoluto, haja vista que escapa à imanência a possibilidade de superação da desordem existencial, consistindo o *estádio* religioso [104] a única condição que tende à descoberta de um significado para a angústia.

> A fé é o ardor íntimo totalmente irredutível a uma crença que vai desfiando seus complementos de objetos diretos destinados à exterioridade onde o Espírito permanece estranho a si mesmo. A certeza interior, certeza existencial, não objetiva, é própria

---

[104] "A existência religiosa inclui a existência ética, é certo, tanto quanto inclui a existência estética, mas ela transcende estas categorias, e é precisamente por isso que ela pode abrangê-la, pois ao mesmo tempo ela as purifica, relativiza e destrona. 'Prosseguindo de um estágio para outro estágio, os limites anteriores não são simplesmente deixados para trás, como degraus numa escada, mas são absorvidos e relativizados'." (Gouvêa, 2006, p. 262)

da fé que é precompreensão ao conceitual da própria lei do devir da criatura. A fé é paixão perseverante da existência no tempo. Vivificando a nossa condição de liberdade em devir no tempo, a irrupção do eterno no tempo abre o futuro para o existente em sua paixão, em sua paciência, em sua perseverança.[105]

Dessa forma, recorrendo ao exemplo de Abraão e a sua experiência envolvendo Deus e a exigência para sacrificar o seu único filho, Isaque, em um movimento que encerra a oposição entre a finitude e a infinitude, Kierkegaard assinala a crise existencial que implica o princípio moral e a ordem divina, mostrando que ao caráter inconciliável entre o ético e o religioso impõe-se um *salto qualitativo* que converge para a dimensão de um desafio do desespero, a saber, a fé, que acena com uma salvação que, longe de contribuir para a reconciliação dos contrários, tende à

---

[105] Farago, 2005, p. 173.

radicalização do paradoxo, em um processo que atribui a autenticidade ao indivíduo que sob a tensão inaplacável entre existência e transcendência escolhe a experiência que não representa um substituto do saber em face da ausência de certeza nem tampouco uma decisão racional no tocante ao porvir, mas a relação absoluta com o Absoluto, diante de cujo *paradoxo absoluto*[106], a emergência do "Deus-Homem"[107] e a ruptura na ordem do ser e do tempo, cabe ao sujeito abandonar o seu *Eu* à

---

[106] "Este é o 'paradoxo absoluto': o de um Deus encarnado na história e que sempre ultrapassa a história." (Mora, 2004a, p. 1645)

[107] "A possibilidade do escândalo é de tal forma inseparável da fé que se o Deus-Homem não fosse esta possibilidade, não poderia também ser objeto da fé. A possibilidade do escândalo, passada na fé e assimilada por ela, é assim o caráter negativo do Deus-Homem. Pois, sem a possibilidade do escândalo, ter-se-ia então o reconhecimento direto e o Deus-Homem seria um ídolo. O reconhecimento direto é paganismo. Vê-se quanto se desmereceu o cristianismo eliminando-se a possibilidade do escândalo. Vê-se como se faz dele um paganismo amável e sentimental." (Kierkegaard, 1979, p. 312)

A transformação do sujeito em si mesmo e a fé como *relação absoluta com o Absoluto* em Kierkegaard   Luiz Carlos Mariano da Rosa

Transcendência, amando o seu "mistério essencial" e transformando-se, enfim, em si mesmo.

Se os relatos míticos encerram a exposição e a descrição das dramáticas irrupções do sagrado ou do sobrenatural no Mundo, convergindo para um processo que atribui às referidas manifestações a capacidade de fundamentá-lo enquanto tal, cada ritual baseia-se em um modelo divino, um arquétipo, implicando em uma construção que implica a possibilidade de reintegração do sujeito ao Tempo Sagrado através da repetição dos gestos originais na medida em que o mito cósmico guarda a condição de paradigma exemplar dos rituais que trazem como propósito a restauração da integridade absoluta de todas as coisas e seres, do Mundo, enfim, e de todos os fenômenos e atividades imbricadas na existência dos homens em sua realidade.

A transformação do sujeito em si mesmo e a fé como *relação absoluta com o Absoluto* em Kierkegaard

Luiz Carlos Mariano da Rosa

Nesta perspectiva, sobrepondo-se ao processo que envolve o drama sagrado do Cosmo e a necessidade da repetição de gestos arquetípicos em um movimento que reatualiza a *história sagrada* e alcança o real e o significativo, a disposição de Abraão em sacrificar o seu filho, Isaque, segundo a ordem de Deus, em uma construção que implica uma obediência irrestrita e incondicional, instaura uma *nova experiência existencial* que traz como fundamento o *ato de fé* e converge para a sobreposição dos gestos arquetípicos do *homo religiosus* na medida em que consiste na *relação absoluta com o Absoluto*.

Dessa forma, sobrepondo-se à mediação do universal, a *relação absoluta com o Absoluto* instaurada através do *ato de fé* consiste em um processo caracterizado como direto que converge para uma suspensão teleológica da moral em um movimento que implica a contradição que impõe à instância do geral e às exigências que o perfazem o *dever absoluto* diante de Deus, convergindo para assinalar que à verdade objetiva corporificada pela instância do *ético* ou *geral* impõe-se a *verdade existencial*, que guarda raízes nas fronteiras da subjetividade e emerge do paradoxo envolvendo a paixão infinita da interioridade e a incerteza objetiva na experiência que caracteriza a existência autêntica.

Se a instância da moral guarda correspondência com as fronteiras que encerram as esferas jurídica e política em uma construção que converge para a organização dos dados em consonância com uma ordem de verdade, é o arcabouço das relações socioculturais e econômico-políticas dos homens enquanto indivíduos concretos que encerra a dimensão do exercício da ação moral em um processo no qual a moralidade

A transformação do sujeito em si mesmo e a fé como *relação absoluta com o Absoluto* em Kierkegaard   Luiz Carlos Mariano da Rosa

determina o "para si" da vontade individual através de um movimento que tende à universalidade, constituindo-se a oposição envolvendo a sua subjetividade a possibilidade de uma ação que seja correspondente às exigências da referida instância. À atualização da subjetividade do indivíduo, que emerge na subjetividade do conceito, impõe-se o *dever-ser* moral, que guarda raízes no movimento de determinação de si da consciência finita e encerra a tensão da vontade moral entre o ser e a universalidade em uma construção que guarda uma relação formal envolvendo a vontade individual e a vontade universal, haja vista o caráter abstrato da forma do dever-ser moral em um processo que implica uma atividade que investe a objetividade de suas próprias determinações, segundo o pensamento de Hegel que, nesta perspectiva, contempla a autoprodução do

A transformação do sujeito em si mesmo e a fé como *relação absoluta com o Absoluto* em Kierkegaard   Luiz Carlos Mariano da Rosa

indivíduo através de sua ação consciente como possibilidade de superação da coerção porventura exercida pela exterioridade através da arbitrariedade de uma totalidade jurídico-política.

Se o herói trágico tende a sacrificar a sua vida e tudo que a perfaz diante do *geral* não é senão em função da relação que mantém com o ético, cujo arcabouço encerra as suas práticas e condutas em um processo que implica a atualização da ação através de um mesmo saber das determinações morais em uma construção que demanda a universalização interior que converge para as fronteiras da individualidade moral, guardando a vontade moral correspondência com um movimento que envolve a possibilidade de identificação ou não entre a interioridade e a exterioridade.

Do amor incondicional a Deus como fundamento da *relação absoluta com o Absoluto*, eis o que se impõe ao ato que implica a vontade de alcançar o impossível através de um processo que envolve uma luta contra Deus e converge para as fronteiras que encerram a grandeza [108] de Abraão, conforme assinala Silentio/Kierkegaard, que afirma: "grande pela energia cuja força é fraqueza, grande pelo saber cujo segredo é loucura, pela esperança cuja forma é demência, pelo amor que é ódio a si próprio"[109].

---

[108] "Pai da Fé" e "Amigo de Deus", eis a condição atribuída a Abraão depois da referida experiência, cujo clímax assinala simbolicamente o fundamento do tipo de relação que o *homo religiosus* fruiria após a Encarnação, Morte e Ressurreição do Deus-Homem, Jesus Cristo: "Logo depois de intervenção de último minuto contendo Abraão de matar seu amado filho Isaque, em cuja vida dependia a realização da promessa divina, a providência supriu um carneiro para ser uma oferta queimada (Gn 22.13). Esse ato de substituição forma o clímax de um 'teste monstruoso', quando foi exigido de Abraão que provasse sua lealdade resoluta, obediência inabalável, fé imperturbável e amor incondicional por Javé, 'cujas demandas são absolutas, cujo desejo é inescrutável e cuja palavra final é graça'." (Vangemeren p. 362, 2011)

[109] Kierkegaard, 1979, p. 118.

A transformação do sujeito em si mesmo e a fé como *relação absoluta com o Absoluto* em Kierkegaard   Luiz Carlos Mariano da Rosa

Guardando capacidade de atingir a condição absoluta de obediência, confiança e amor, o ato de Abraão, envolvendo a disposição de sacrificar o seu filho em holocausto a Deus em um movimento que alcança a situação-limite da imolação no altar[110], converge para mostrar para Deus a realidade de sua fé em um processo que se sobrepõe a um exercício intelectual ou emocional e converge para a instituição de uma aliança cuja garantia implica o juramento de Deus por Si mesmo e por Seu grande nome[111] e que traz como

---

[110] "O que de mais calamitoso pode a mente humana cogitar que um pai vir a ser o carrasco do próprio filho? Se Isaque fosse arrebatado por uma enfermidade, quem não teria julgado ser Abraão o mais desgraçado ancião, a quem um filho lhe fora em zombaria, e por causa do qual se lhe duplicaria a dor da falta de descendência? Se porventura fosse morto por algum estranho, o infortúnio teria sido intensificado muitíssimo pela indignidade do desfecho. Mas isto supera a todos os exemplos de ignomínia: ser sacrificado pela mão do próprio pai!" (Calvino, 2, X, 11, 2006, p. 194)

[111] "Então, do céu bradou pela segunda vez o Anjo do

A transformação do sujeito em si mesmo e a fé como *relação absoluta com o Absoluto* em Kierkegaard   Luiz Carlos Mariano da Rosa

conteúdo a promessa de transformação de sua posteridade em uma grande nação na medida em que a sua semente seria numerosa como as estrelas dos céus e a areia do mar em uma construção que encerra a posse da Palestina pela sua descendência, por intermédio da qual a bênção seria transmitida para todas as nações da terra, para o mundo inteiro[112].

SENHOR a Abraão e disse: Jurei, por mim mesmo, diz o SENHOR, porquanto fizeste isso e não me negaste o teu único filho, que deveras te abençoarei e certamente multiplicarei a tua descendência como as estrelas dos céus e como a areia na praia do mar; a tua descendência possuirá a cidade dos seus inimigos, nela serão benditas todas as nações da terra, porquanto obedeceste à minha voz." (Bíblia de Estudo de Genebra, Gn 22.15-18, 1999, p. 41). Vide Hb 6.13-18.

[112] Conforme esclarece o Apóstolo Paulo, quando afirma que: "Ora, as promessas foram feitas a Abraão e ao seu descendente. Não diz: E aos descendentes, como se falando de muitos, porém como de um só: E ao teu descendente, que é Cristo." (Bíblia de Estudo de Genebra, Gl 3.16, 1999, p. 1392)

A transformação do sujeito em si mesmo e a fé como *relação absoluta com o Absoluto* em Kierkegaard   Luiz Carlos Mariano da Rosa

REFERÊNCIAS BIBLIOGRÁFICAS

ALMEIDA, Jorge M.; VALLS, Álvaro L. M. **Kierkegaard**. Rio de Janeiro: Jorge Zahar, 2007.

BEAUFRET, Jean. **Introdução às filosofias da existência**: de Kierkegaard a Heidegger. Tradução de Salma Tannus Muchail. São Paulo: Duas Cidades, 1976.

BÍBLIA DE ESTUDO DE GENEBRA. **Gênesis**. Tradução de João Ferreira de Almeida. Revista e Atualizada. São Paulo / Barueri: Cultura Cristã / Sociedade Bíblica do Brasil, 1999.

BINETTI, María J. **La posibilidad necesaria de la libertad**. Un análisis del pensamiento de Søren Kierkegaard. Pamplona / Spain: Cuadernos de Anuario Filosófico (Serie Universitaria, 177), 2005.

BRANDÃO, Junito de Souza. **Mitologia grega**. Volume I. Petrópolis / RJ: Vozes, 1986.

BROWN, Colin; COENEN, Lothar (orgs.). **Dicionário internacional de teologia do Novo Testamento**. Tradução de Gordon Chown. 2. ed. São Paulo: Vida Nova, 2000.

BUCKLAND, A. R. **Dicionário bíblico universal** (Com o auxílio do Rev. Dr. Lukyn Williams). Tradução de Joaquim dos Santos Figueiredo. São Paulo: Editora Vida, 1981.

CALVINO, João. **As Institutas da Religião Cristã** (cinco volumes). Tradução de Waldyr Carvalho Luz. São Paulo: Cultura Cristã, 2006.

DICIONÁRIO Enciclopédico da Bíblia. São Paulo: Paulus Editora, 2014.

ELIADE, Mircea. **Imagens e símbolos**. Tradução de Maria Adozinda Oliveira Soares. Lisboa: Artes e Letras / Arcádia, 1979.

ELIADE, Mircea. **Mito do eterno retorno**. Tradução de José A. Ceschin. São Paulo: Mercuryo, 1992.

ELIADE, Mircea. **Mito e realidade**. Tradução de Pola Civelli. São Paulo: Perspectiva, 1972.

ELIADE, Mircea. **Tratado de história das religiões**. Tradução de Fernando Tomaz e Natália Nunes. São Paulo: Martins Fontes, 2008.

FARAGO, France. **Compreender Kierkegaard**. São Paulo: Vozes, 2005.

GEISLER, Norman L. **Enciclopédia de apologética**: respostas aos críticos da fé cristã. Tradução de Lailah de Noronha. São Paulo: Editora Vida, 2002.

GILLES, Thomas Ranson. **História do Existencialismo e da Fenomenologia**. São Paulo: EPU – Editora da Universidade de São Paulo, 1971.

GOUVÊA, Ricardo Q. **Paixão pelo Paradoxo**. Uma Introdução a Kierkegaard. São Paulo: Fonte Editorial, 2006.

HEGEL, Georg Wilhelm Friedrich. **Princípios da filosofia do direito**. Tradução de Orlando Vitorino. São Paulo: Martins Fontes, 1997.

HOUSE, Paul R. **Teologia do Antigo Testamento**. Tradução de Sueli Silva Saraiva. São Paulo: Editora Vida, 2005.

KANT, Immanuel. **A religião nos limites da simples razão**. Tradução de Artur Morão. Lisboa: Edições 70, 1992.

KIERKEGAARD, Søren Aabye. **Diário de um sedutor; Tremor e Temor; O Desespero humano**. Traduções de Carlos Grifo, Maria José Marinho, Adolfo Casais Monteiro. São Paulo: Abril Cultural, 1979.

KIERKEGAARD, Sören Aabye. **O conceito de angústia**. Tradução de Torrieri Guimarães. São Paulo: Hemus, 1968.

KIERKEGAARD, Søren Aabye. **O conceito de ironia**. Constantemente referido a Sócrates.

A transformação do sujeito em si mesmo e a fé como *relação absoluta com o Absoluto* em Kierkegaard   Luiz Carlos Mariano da Rosa

Tradução de Álvaro Luiz Montenegro Valls. Petrópolis / RJ: Vozes, 1991.

KIERKEGAARD, Søren Aabye. **Pós-Escrito às Migalhas Filosóficas.** Tradução de Álvaro Luiz Montenegro Valls e Marília Murta de Almeida. Vol. I. Petrópolis / RJ: Vozes, 2013.

KIERKEGAARD, Søren Aabye. **Temor e Tremor.** Tradução de Elisabet M. de Sousa. Lisboa: Relógio D'Água Editores, 2009.

KIERKEGAARD, Søren Aabye. **Textos selecionados.** Tradução de Ernani Reichmann. Reimpressão. Curitiba: UFPR, 2001.

LE BLANC, Charles. **Kierkegaard.** Tradução de Marina Appenzeller. São Paulo: Estação Liberdade, 2003.

MANUAL Bíblico Vida Nova. Tradução de Lucy Yamakami, Hans Udo Fuchs e Robinson Malkomes. São Paulo: Vida Nova, 2001.

MORA, José Ferrater. **Dicionário de filosofia.**

Tomo III (K-P). Tradução de Maria Stela Gonçalves *et al*. 2. ed. São Paulo: Loyola, 2004a.

MORA, José Ferrater. **Dicionário de filosofia**. Tomo IV (Q-Z). Tradução de Maria Stela Gonçalves *et al*. 2. ed. São Paulo: Loyola, 2004b.

PAULA, Marcio Gimenes. O silêncio de Abraão: os desafios para a ética em *Temor e Tremor* de Kierkegaard. **Interações – Cultura e Comunidade**, Belo Horizonte / MG, v. 3, n. 4, p. 55-72, 2008.

PFEIFFER, Charles F.; VOS, Howard F.; REA, John. **Dicionário bíblico Wycliffe**. Tradução de Degmar Ribas Júnior. 2. ed. Rio de Janeiro: CPAD, 2007.

POLITIS, Hélène. **Le vocabulaire de Kierkegaard**. Paris: Ellipses, 2002.

TILLICH, Paul. **Teologia sistemática**. Tradução

de Getúlio Bertelli. 2. ed. São Paulo / São Leopoldo: Paulinas / Sinodal, 1987.

VANGEMEREN, Willem A. **Novo dicionário internacional de teologia e exegese do Antigo Testamento.** Volume 1. Tradução de Equipe de colaboradores da Editora Cultura Cristã. São Paulo: Cultura Cristã, 2011.

VINE, W. E.; UNGER, Merril F.; WHITE JR., William. **Dicionário Vine.** O significado exegético e expositivo das palavras do Antigo e do Novo Testamento. Tradução de Luís Aron de Macedo. Rio de Janeiro: CPAD, 2002.

BIBLIOGRAFIA DO AUTOR
[Ordem cronológica]

Livros

MARIANO DA ROSA, L. C. **Quase sagrado**. 2. ed. São Paulo: Politikón Zôon Publicações, 2019, v. 2, 172 p.

MARIANO DA ROSA, L. C. **A transformação do sujeito em si mesmo e a fé em Kierkegaard: Abraão, "Pai da Fé" e "Amigo de Deus", como protótipo de um novo ser e de um novo modo de existência**. 1. ed. Beau Bassin, Mauritius: Novas Edições Acadêmicas (OmniScriptum Publishing Group), 2018, v. 1, 105 p.

MARIANO DA ROSA, L. C. **Da propriedade como fundamento ético-jurídico e econômico-político em Locke à vontade geral e o sistema autogestionário em**

Rousseau. 1. ed. São Paulo: Politikón Zôon Publicações, 2018, v. 1. 214 p.

MARIANO DA ROSA, L. C. **Os Direitos da Razão e a sua Autoprodução entre o Sistema de Conhecimento de Descartes, o Projeto Crítico de Kant e o Idealismo Absoluto de Hegel**. 1. ed. São Paulo: Politikón Zôon Publicações, 2018, v. 1. 198 p.

MARIANO DA ROSA, L. C. **Hobbes, Locke e Rousseau: Do direito natural burguês e a instituição da soberania estatal à vontade geral e o exercício da soberania popular**. 1. ed. São Paulo: Politikón Zôon Publicações, 2017, v. 1. 188 p.

MARIANO DA ROSA, L. C. **O direito de ser homem: liberdade e igualdade em Rousseau**. 1. ed. Saarbrücken, Alemanha: Novas Edições Acadêmicas (), 2017. v. 1. 96 p.

MARIANO DA ROSA, L. C. **Determinismo e liberdade: a condição humana *entre os***

muros da escola. 1. ed. São Paulo: Politikón Zôon Publicações, 2016. v. 1. 390 p.

MARIANO DA ROSA, L. C. **O direito de ser homem: da alienação da desigualdade social à autonomia da sociedade igualitária na teoria política de Jean-Jacques Rousseau**. 1. ed. São Paulo: Politikón Zôon Publicações, 2015. v. 1. 150 p.

MARIANO DA ROSA, L. C. **Mito e filosofia: do *homo poeticus***. 1. ed. São Paulo: Politikón Zôon Publicações, 2014. v. 1. 219 p.

MARIANO DA ROSA, L. C. **Quase sagrado**. 1. ed. São Paulo: Politikón Zôon Publicações, 2014. v. 1. 123 p.

MARIANO DA ROSA, L. C. **O todo essencial**. 1. ed. Lisboa: Universitária Editora, 2005. v. 1. 167 p.

Artigos

MARIANO DA ROSA, L. C. Abraão, "Pai da Fé" e "Amigo de Deus", como protótipo de uma nova existência e a fé como *relação absoluta com o absoluto* em Kieerkegaard, pela **Revista Húmus - UFMA [São Luís, MA]**, v. 7, n. 24, p. 243-264, set.-dez. 2018.

MARIANO DA ROSA, L. C. Kierkegaard e a transformação do sujeito em si mesmo entre a vertigem da liberdade e o paradoxo absoluto da fé. **Revista Filosofia Capital – RFC [Brasília, DF]**, v. 13, n. 20, p. 30-46, dez. 2018.

MARIANO DA ROSA, L. C. Kierkegaard e a transformação do sujeito em si mesmo entre a vertigem da liberdade e o paradoxo absoluto da fé. **Saberes: Revista Interdisciplinar de Filosofia e Educação – UFRN [Natal, RN]**, v. 19, n. 2, p. 26-47, ago. 2018.

MARIANO DA ROSA, L. C. Kierkegaard e a transformação do sujeito em si mesmo entre a vertigem da liberdade e o paradoxo absoluto da fé. **Correlatio – UMESP [São Paulo, SP]**, v. 17, n. 1, p. 5-31, ago. 2018.

MARIANO DA ROSA, L. C. Kierkegaard e a transformação do sujeito em si mesmo entre a vertigem da liberdade e o paradoxo absoluto da fé. **Cadernos Zygmunt Bauman - UFMA [São Luís, MA]**, v. 8, n. 17, ago. 2018.

MARIANO DA ROSA, L. C. A oração entre as práticas mágico-religiosas do politeísmo e o *relacionamento pactual* do monoteísmo: da superação do *determinismo da história* em Mircea Eliade à *presença do mistério do ser* em Paul Tillich. **Revista Teológica Doxia – FABRA [PUC-RJ]**, v. 3, n. 3, p. 46-75, jun. 2018.

MARIANO DA ROSA, L. C. Abraão como protótipo de uma nova existência em Mircea Eliade e a fé como movimento envolvendo o finito e o infinito em Kierkegaard. **Revista Diversidade Religiosa – UFPB [João Pessoa, PB]**, v. 8, n. 1, p. 140-166, jun. 2018.

MARIANO DA ROSA, L. C. Abraão, "Pai da Fé" e "Amigo de Deus", como protótipo de um *novo modo de existência* em Mircea Eliade e a fé como *relação absoluta com o absoluto* em Kierkegaard. **Revista Litterarius – Faculdade Palotina [Santa Maria, RS]**, v. 17, n. 1, p. 1-25, jun. 2018.

MARIANO DA ROSA, L. C. O sistema escolar entre o espaço social e o *habitus* segundo o estruturalismo construtivista de Bourdieu. **Revista Interfaces da Educação - UEMS [Paranaíba-MS]**, v. 9, n. 25, p. 273-303, jun. 2018.

DA ROSA, L. C. M. Kierkegaard e a transformação do sujeito em si mesmo entre a vertigem da liberdade e o paradoxo absoluto da fé. **Revista Eletrônica Espaço Teológico / REVELETEO [PUC-SP]** v. 12, n. 21, p. 68-86, jan./jun. 2018.

MARIANO DA ROSA, L. C. A vontade geral e o sistema autogestionário: necessidade, possibilidade e desafios. **Revista Ensaios – UFF [Niterói, RJ]**, v. 11, n. 2, p. 114-139, jul./dez. 2017.

ROSA, L. C. M. O sistema escolar entre o espaço social e o *habitus* segundo o estruturalismo construtivista de Bourdieu. **Revista Eletrônica de Educação da Faculdade Araguaia - RENEFARA [Goiânia, GO]**, v. 11, n. 1, jun. 2017.

ROSA, L. C. M. A vontade geral e o sistema autogestionário: necessidade, possibilidade e desafios. **REVISTA ORG & DEMO [Marília, SP]**, v. 18, n. 1, p. 37-60, jan. 2017.

ROSA, L. C. M. da. A vontade geral e o sistema autogestionário: necessidade, possibilidade e desafios. **Revista Opinião Filosófica [Porto Alegre, RS]**, v. 8, n. 1, p. 476-509, jan. 2017.

MARIANO DA ROSA, L. C. A vontade geral e o sistema autogestionário: necessidade, possibilidade e desafios. **Polymatheia - Revista de Filosofia [Fortaleza, CE]**, v. 10, n. 16, jan. 2017.

ROSA, L. C. M. da. O sistema escolar entre o espaço social e o *habitus* segundo o estruturalismo construtivista de Bourdieu. **Revista Eletrônica Pesquiseduca - Universidade Católica de Santos [Santos - SP]**, v. 9, n. 17, p. 91-115, jan. 2017.

MARIANO DA ROSA, L. C. O sistema escolar entre o espaço social e o *habitus* segundo o estruturalismo construtivista de Bourdieu. **Revista Filosofia Capital – RFC [Brasília, DF]**, v. 12, n. 19, p. 51-68, jan. 2017.

ROSA, L. C. M. O processo formativo-educacional entre a integração durkheimiana e a alienação marxiana. **Cadernos Zygmunt**

Bauman / UFMA [São Luís, MA], v. 6, n. 12, p. 51-85, 2016 [*O legado de Bauman*].

MARIANO DA ROSA, L. C. A vontade geral como processo ético-jurídico de deliberação coletiva e movimento econômico-político de institucionalização do poder. **Revista Direito em Debate – Revista do Departamento de Ciências Jurídicas e Sociais da UNIJUI [Ijuí, RS]**, Ano XXV, n. 46, p. 94-120, jul./dez. 2016.

MARIANO DA ROSA, L. C. A soberania entre a renúncia dos direitos ilimitados do contrato hobbesiano e a "*alienação* verdadeira" do pacto rousseauniano. **Revista Filosofia Capital – RFC [Brasília, DF]**, v. 11, n. 18, p. 43-61, jan./dez. 2016 [*Discussões filosóficas acerca dos fenômenos da existência humana*].

MARIANO DA ROSA, L. C. O sistema educacional e a racionalização burocrática entre a tipologia das ações humanas e a teoria da dominação de Weber. **Saberes, Revista**

Interdisciplinar de Filosofia e Educação / UFRN [Natal, RN], v. 1, n. 14, p. 81-107, out. 2016.

MARIANO DA ROSA, L. C. A propriedade como fundamento ético-jurídico e econômico-político em Locke. **Revista Húmus / UFMA [São Luís, MA]**, v. 6, n. 17, p. 80-102, ago. 2016 [*Política, amizade e liberdade na modernidade*].

MARIANO DA ROSA, L. C. A soberania entre a renúncia dos direitos ilimitados do contrato hobbesiano e a "*alienação* verdadeira" do pacto rousseauniano. **Revista de Ciências Humanas - Educação e Desenvolvimento Humano / UNITAU [Taubaté, SP]**, v. 9, n. 1, ed. 16, p. 115 - 130, jun. 2016 [*Políticas Educacionais*].

ROSA, L. C. M. A lei natural, o direito de propriedade e a coexistência das liberdades: individualismo moderno e liberalismo político no contratualismo de Locke. **Revista Opinião Filosófica [Porto Alegre, RS]**, v. 7, n. 1, p.

303-332, jun. 2016 ["*Dead Dogs Never Die: Hegel and Marx*"].

ROSA, L. C. M. da. A soberania entre a renúncia dos direitos ilimitados do contrato hobbesiano e a "*alienação* verdadeira" do pacto rousseauniano. **Akrópolis – Revista de Ciências Humanas da UNIPAR [Umuarama, PR]**, v. 24, n. 1, p. 71-84, jan./jun. 2016.

MARIANO DA ROSA, L. C. A lei natural, o direito de propriedade e a coexistência das liberdades: individualismo moderno e liberalismo político no contratualismo de Locke. **Filosofando: Revista Eletrônica de Filosofia da UESB [Vitória da Conquista, BA]**, v. 3, n. 2, p. 54-75, jul./dez. 2015.

ROSA, L. C. M. da. Do projeto crítico kantiano: os direitos da razão entre a *lógica da verdade* e a *lógica da aparência*. **Revista Cadernos do PET Filosofia / UFPI [Teresina, PI]**, v. 6, n. 12, p. 76-91, jul./dez. 2015.

MARIANO DA ROSA, L. C. A vontade geral como condição para o exercício da soberania popular em Jean-Jacques Rousseau. **Revista Sociais e Humanas – UFSM [Santa Maria, RS]**, v. 28, n. 2, p. 9–23, mai./ago. 2015.

ROSA, L. C. M. da. Determinismo e liberdade no processo de construção do conhecimento: da condição humana *entre os muros da escola*. **Revista da Faculdade de Educação da UNEMAT [Cáceres, MT]**, v. 23, n. 1, ano 13, p. 75-97, jan./jun. 2015.

MARIANO DA ROSA, L. C. Do sistema educacional e o desafio da fundação de um novo homem entre a organização científico-técnica e a formação econômico-social. **Cadernos Zygmunt Bauman / UFMA [São Luís, MA]**, v. 5, n. 10, p. 19-41, 2015 [*O ciberpajé e a tecnociência*].

MARIANO DA ROSA, L. C. Da vontade geral como condição para o exercício da soberania popular em Jean-Jacques Rousseau. **Problemata: Revista Internacional de Filosofia [*International Journal of Philosophy*] / UFPB [João Pessoa, PB]**, v. 6, n. 2, p. 151-177, 2015.

MARIANO DA ROSA, L. C. Do sistema de conhecimento de Descartes: o "eu" como "coisa em si" e a "consciência da consciência". **Revista Filosofia Capital – RFC [Brasília, DF]**, v. 10, n. 17, p. 39-58, jan./dez. 2015 [*Ética e Noética da Transcendência: fenômenos da consciência, da vida, da morte e do espírito!*].

ROSA, L. C. M. Da vontade geral como condição para o exercício da soberania popular em Jean-Jacques Rousseau. **Revista Latitude da UNIFAL [Maceió, AL]**, v. 9, n. 1, p. 99-130, 2015.

MARIANO DA ROSA, L. C. Do sistema de conhecimento de Descartes: o "eu" como "coisa em si" e a "consciência da consciência". **Revista**

Húmus / UFMA [São Luís, MA], v. 5, p. 2-31, 2015.

ROSA, L. C. M. Do projeto crítico kantiano: os direitos da razão entre a *lógica da verdade* e a *lógica da aparência*. **Studia Kantiana [Natal, RN]**, n. 17, p. 5-26, dez. 2014.

MARIANO DA ROSA, L. C. Do direito de ser homem: da alienação da desigualdade social à autonomia da sociedade igualitária na teoria política de Jean-Jacques Rousseau. **PRACS: Revista Eletrônica de Humanidades do Curso de Ciências Sociais da UNIFAP [Macapá, AP]**, v. 7, n. 2, p. 109-133, jul./dez. 2014 [*Temas e Debates das Humanidades Contemporâneas*].

MARIANO DA ROSA, L. C. Do projeto crítico kantiano: os direitos da razão entre a *lógica da verdade* e a *lógica da aparência*. **Revista Opinião Filosófica [Porto Alegre, RS]**, v. 5, n. 2, p. 85-109, 2014 [*Filosofia & Interdisciplinaridade*].

MARIANO DA ROSA, L. C. Da vontade geral como condição para o exercício da soberania popular em Jean-Jacques Rousseau. **Revista de Ciências Humanas – Educação e Desenvolvimento Humano / UNITAU [Taubaté, SP]**, v. 7, n. 2, p. 205-232, jul./dez. 2014 [*Multiplicidade, Contextos e Interdisciplinaridade*].

MARIANO DA ROSA, L. C. Schopenhauer e Nietzsche: do dualismo metafísico ao princípio da unidade-múltipla. **Revista Húmus / UFMA [São Luís, MA]**, v. 4, n. 12, p. 59-76, 2014 [*Pluralidade e Diferença*].

MARIANO DA ROSA, L. C. Mito e filosofia: do *homo poeticus*. **Saberes: Revista Interdisciplinar de Filosofia e Educação / UFRN [Natal, RN]**, v. 1, n. 10, p. 36-65, nov. 2014.

MARIANO DA ROSA, L. C. Schopenhauer e Nietzsche: do dualismo metafísico ao princípio da unidade-múltipla. **Revista Filosofia Capital – RFC [Brasília, DF]**, vol. 9, p. 85-98, 2014 [*Edição Especial: Concepções acerca da Verdade: Subjetividade, Educação e Multidimensionalidade*].

MARIANO DA ROSA, L. C. Do bem comum da visão platônico-aristotélica à lógica hobbesiana do contrato social (da ordem mecânica da matéria à ordem final da vontade). **Revista Filosofia Capital - RFC [Brasília, DF]**, vol. 9, n. 16, p. 58-75, jan./dez. 2014 [*A Razão Refletida: Modernidade na Ciência, na Ação, no Direito Natural e seus reflexos na Cultura Contemporânea*].

MARIANO DA ROSA, L. C. Da autoprodução da razão (do absoluto), a chave do devir e a condição humana. **Cognitio-Estudos: Revista Eletrônica de Filosofia - *Philosophy Eletronic Journal* / Centro de Estudos de

Pragmatismo / PUC-SP [São Paulo, SP], v. 11, n. 1, p. 68-85, 2014.

MARIANO DA ROSA, L. C. O direito de ser homem: da alienação da desigualdade social à autonomia da sociedade igualitária na teoria política de Jean-Jacques Rousseau segundo a perspectiva do materialismo histórico e dialético. **Revista Portuguesa de Ciência Política - *Portuguese Journal of Political Science* / Observatório Político - Associação de Investigação em Estudos Políticos [Lisboa, Portugal]**, n. 3, p. 11-24, 2013 [*I. Do Humanismo*].

MARIANO DA ROSA, L. C. Da educação inclusiva: das diferenças como possibilidades (da teoria à prática). **Revista Zero-a-Seis / UFSC [Florianópolis, SC]**, v. 15, n. 28, p. 12-33, jul./dez. 2013.

ROSA, L. C. M. Maquiavel e Weber: a lógica do poder e a ética da ação - o "príncipe-centauro" e o "homem autêntico". **Revista de Ciências Humanas / UNITAU [Taubaté, SP]**, v. 6, n. 1, p. 120-143, 2013.

MARIANO DA ROSA, L. C. Da autoprodução da razão (do absoluto), a chave do devir e a condição humana. **Revista Tecer / Centro Universitário Metodista Izabela Hendrix [Belo Horizonte, MG]**, v. 6, n. 10, p. 31-50, mai. 2013.

DA ROSA, L. C. M. Do bem comum da visão platônico-aristotélica à lógica hobbesiana do contrato social (da ordem mecânica da matéria à ordem final da vontade). **Revista Opinião Filosófica [Porto Alegre, RS]**, v. 4, n. 1, p. 267-298, 2013 [*Normativismo e Naturalismo*].

MARIANO DA ROSA, L. C. Maquiavel e Weber: a lógica do poder e a ética da ação – O "príncipe-centauro" e o "homem autêntico". **Opsis - Revista da Unidade Acadêmica Especial História e Ciências Sociais / UFG / Regional**

Catalão [Catalão, GO], v. 13, n. 1, p. 180-199, 2013 [*Dossiê Linguagens, Tecnologias da Informação e Ensino de História*].

ROSA, L. C. M. Educação inclusiva: diferenças como possibilidades (da teoria à prática). **Poiésis - Revista do Programa de Pós-Graduação em Educação / UNISUL [Tubarão, SC]**, v. 7, n. 12, p. 324-346, 2013.

ROSA, L. C. M. Do bem comum da visão platônico-aristotélica à lógica hobbesiana do contrato social (da ordem mecânica da matéria à ordem final da vontade). **Revista Aurora / UNESP [Marília, SP]**, v. 7, p. 81-102, 2013 [*Edição Especial / Dossiê: Filosofia*].

MARIANO DA ROSA, L. C. Literatura e religião: entre o tudo-dizer e o nada-dizer [do poder-ser]. **Revista Tecer / Centro Universitário Metodista Izabela Hendrix [Belo Horizonte, MG]**, v. 5, n. 8, p. 48-60, 2012.

MARIANO DA ROSA, L. C. Literatura e religião: entre o tudo-dizer e o nada-dizer (do poder-ser). **Revista Ciências da Religião – História e Sociedade / Programa de Pós-Graduação em Ciências da Religião do Centro de Educação, Filosofia e Teologia (CEFT) da Universidade Presbiteriana Mackenzie [São Paulo, SP]**, v. 10, n. 1, p. 163-184, 2012.

MARIANO DA ROSA, L. C. Da educação inclusiva: das diferenças como possibilidades (da teoria à prática). **Revista Lentes Pedagógicas / Faculdade Católica de Uberlândia [Uberlândia, MG]**, v. 2, n. 1, p. 2-20, 2012 [*Dossiê infância, fundamentos e práticas pedagógicas: inclusão e superação*].

MARIANO DA ROSA, L. C. Da educação inclusiva: das diferenças como possibilidades (da teoria à prática). **Revista Lugares de Educação / UFPB [Bananeiras, PB]**, v. 2, n. 3, p. 78-97, 2012 [*Multitemático*].

ROSA, L. C. M. Maquiavel e Weber: a lógica do poder e a ética da ação – o "príncipe-centauro" e o "homem autêntico". **Revista da Católica: Ensino – Pesquisa – Extensão / Faculdade Católica de Uberlândia [Uberlândia, MG]**, v. 4, n. 8, p. 3-23, 2012 [*Filosofia*].

ROSA, L. C. M. Da autoprodução da razão (do absoluto), a chave do devir e a condição humana. **Revista Semina: Ciências Sociais e Humanas / UEL [Londrina, PR]**, v. 33, n. 2, p. 147-162, 2012.

MARIANO DA ROSA, L. C. Os ídolos da caverna e a sociedade contemporânea: do narcisismo biopsicocultural. **Revista Filosofia Capital - RFC [Brasília-DF]**, v. 6, n. 13, p. 77-85, 2011 [*Miscelânea Filosófica em um Contexto Existencial*].

MARIANO DA ROSA, L. C. Da "revolução copernicana" (do verdadeiro "idealismo transcendental"). **Revista Intuitio / Programa** de Pós-Graduação em Filosofia da PUC-RS [Porto Alegre, RS], v. 4, n. 1, p. 117-133, 2011.

MARIANO DA ROSA, L. C. Da "revolução copernicana" (do verdadeiro "idealismo transcendental"). **Revista Opinião Filosófica [Porto Alegre, RS]**, v. 2, n. 2, p. 34-51, 2011 [*Kant: Política e Epistemologia*].

MARIANO DA ROSA, L. C. A vela e o caminho (da construção coletiva do saber). **Revista Teias / Programa de Pós-Graduação em Educação – ProPEd / UERJ [Rio de Janeiro, RJ]**, v. 12, n. 25, p. 238-258, mai./ago. 2011 [*Ética, Saberes & Escola*].

MARIANO DA ROSA, L. C. Popper e a objetividade do conhecimento científico: a ciência provisória e a verdade temporária. **Cognitio-Estudos: Revista Eletrônica de Filosofia - Philosophy Eletronic Journal / Centro de Estudos de Pragmatismo / PUC-SP**

MARIANO DA ROSA, L. C. Do mistério do ser - entre o pensador e o poeta [do *da-sein*]. **Poros – Revista de Filosofia / Faculdade Católica de Uberlândia [Uberlândia, MG]**, v. 3, n. 5, p. 1-21, 2011.

ROSA, L. C. M. Do mistério do ser - entre o pensador e o poeta [do *da-sein*]. **Revista Filosófica São Boaventura / Fae – Centro Universitário / Instituto de Filosofia São Boaventura [Curitiba, PR]** v. 4, n. 2, p. 77-100, jul./dez. 2011.

MARIANO DA ROSA, L. C. Da educação: do jogo sociocultural e a inter-relação envolvendo *modus vivendi* e *modus essendi*. **Acta Scientiarum. Education / UEM [Maringá, PR]**, v. 33, n. 2, p. 211-218, July-Dec./2011 [História da Educação].

MARIANO DA ROSA, L. C. Da educação: do jogo sociocultural e a inter-relação envolvendo *modus vivendi* e *modus essendi*. **Múltiplas Leituras / Faculdade de Humanidades e Direito – UMESP [São Paulo, SP]**, v. 4, n. 2, p. 9-23, 2011 [*Dossiê: Violência e Educação*].

ROSA, L. C. M. A teoria analítica da ciência e a dialética aristotélica. **Revista Seara Filosófica / UFPel [Pelotas, RS]**, v. 4, p. 91-119, 2011.

MARIANO DA ROSA, L. C. Do "vir-a-ser" nietzschiano [Do "instinto natural filosófico"]. **Revista Partes [São Paulo, SP]**, v. 11, p. 1, 2011 [*Cultura*].

DA ROSA, L. C. M. Os ídolos da caverna e a sociedade contemporânea: do narcisismo biopsicocultural. **Cadernos Zygmunt Bauman / UFMA [São Luís, MA]**, v. 1, n. 2, p. 71-80, Jul. 2011 [*Ética, moral e pós-modernidade*].

DA ROSA, L. C. M. Da essencialização da realidade. **Revista Filosofia Capital – RFC**

[Brasília-DF], v. 4, n. 8, p. 46-57, 2009 [*A Condição Humana em Processo de Mutação*].

DA ROSA, L. C. M. Niilismo pós-orgíaco. **Revista Filosofia Capital – RFC [Brasília-DF]**, v. 4, p. 59-76, 2009 [*Edição Especial: A Vida é Inevitavelmente Agora!*].

DA ROSA, L. C. M. Autoformação (do "homem completo"). **Revista Filosofia Capital - RFC [Brasília-DF]**, v. 4, n. 9, p. 20-35, 2009 [*A Presença da Filosofia no Fazer Humano!*].

MARIANO DA ROSA, L. C. Autoformação (do "homem completo"). **Revista Entreideias: educação, cultura e sociedade / FACED – UFBA [Salvador, BA]**, v. 14, p. 87-103, 2008.

WEBSITES & SOCIAL LINKS DO AUTOR

CNPq [Luiz Carlos Mariano da Rosa]:

http://lattes.cnpq.br/0084141477309738

ORCID [Luiz Carlos Mariano Da Rosa]:

http://orcid.org/0000-0001-7649-2804

ResearchGate [Luiz Carlos Mariano Da Rosa]:

http://www.researchgate.net/profile/Mariano_Luiz_Carlos

Semantic Scholar/Profile 1 [Luiz Carlos Mariano da Rosa]:

https://www.semanticscholar.org/author/Luiz-Carlos-Mariano-da-Rosa/145051332?sort=influence&fbclid=IwAR2B2G-5PtDDY-iO4_WxRjgzKonySDta7YZ75M3QILBdarhUXDDIIGuYf9I

Semantic Scholar/Profile 2 [Luiz Carlos Mariano da Rosa]:

https://www.semanticscholar.org/author/Luiz-Carlos-Mariano-da-Rosa/134330005?sort=influence&fbclid=IwAR07268G-nB8AXcSzOWA7Q3I6lOkoOvlsJYZBAJU5F5UxTR3S2SxQO9f-Kc

Publons [Luiz Carlos Mariano da Rosa]:

https://publons.com/researcher/1911395/luiz-carlos-mariano-da-rosa/

PhilPapers [Luiz Carlos Mariano da Rosa]:

https://philpeople.org/profiles/luiz-carlos-mariano-da-rosa

REDIB - Red Iberoamericana de Innovación y Conocimiento Científico [Luiz Carlos Mariano da Rosa]:

A transformação do sujeito em si mesmo e a fé como *relação absoluta com o Absoluto* em Kierkegaard   Luiz Carlos Mariano da Rosa

https://redib.org/Search/Results?type=Author&lookfor=%22luiz+carlos+mariano+da+rosa%22&limit=20

Acta Académica [Luiz Carlos Mariano Da Rosa]:

https://www.aacademica.org/marianodarosa.luizcarlos

Academia.edu [Mariano Da Rosa (Luiz Carlos)]:

http://ucam-br.academia.edu/MarianoDaRosaLuizCarlos

Google Acadêmico/Google Scholar [Luiz Carlos Mariano da Rosa]:

https://scholar.google.com/citations?hl=pt-PT&user=IwvxyawAAAAJ

WorldCat [Luiz Carlos Mariano da Rosa]:

A transformação do sujeito em si mesmo e a fé como *relação absoluta com o Absoluto* em Kierkegaard   Luiz Carlos Mariano da Rosa

https://www.worldcat.org/search?q=luiz+carlo
s+mariano+da+rosa&fq=ap%3A%22mariano+da
+rosa+luiz+carlos%22&dblist=638&start=1&qt=
page_number_link

Globethics.net [Luiz Carlos Mariano da Rosa]:

https://repository.globethics.net/discover?scop
e=%2F&query=%22luiz+carlos+mariano+da+ros
a%22&submit=&rpp=10&view=list

Google Books [Luiz Carlos Mariano Da Rosa]:

https://www.google.com.br/search?q=inauthor
:%22Luiz+Carlos+Mariano+Da+Rosa%22&hl=pt
-BR&tbm=bks&sxsrf=ALeKk026VWNSO-
SmmG2pwoYFLRt1ohsbAw:1615235446539&ei
=doIGYLO7IOOy5OUPuNqNoAI&start=0&sa=N&
ved=0ahUKEwizzpP4xKHvAhVjGbkGHThtAyQ4
ChDy0wMIRw&biw=1536&bih=775&dpr=1.25

A transformação do sujeito em si mesmo e a fé como *relação absoluta com o Absoluto* em Kierkegaard   Luiz Carlos Mariano da Rosa

Escritores.org [Luiz Carlos Mariano da Rosa]:

http://www.escritores.org/libros/index.php/item/luiz-carlos-mariano-da-rosa

Blog Prof. Mariano Da Rosa Educação, Filosofia e Teologia [Mariano Da Rosa, Luiz Carlos]:

https://professormarianodarosa.blogspot.com/

A transformação do sujeito em si mesmo e a fé como *relação absoluta com o Absoluto* em Kierkegaard   Luiz Carlos Mariano da Rosa

A transformação do sujeito em si mesmo e a fé como *relação absoluta com o Absoluto* em Kierkegaard   Luiz Carlos Mariano da Rosa

www.ingramcontent.com/pod-product-compliance
Lightning Source LLC
Chambersburg PA
CBHW072130160426
43197CB00012B/2050